한자오체와 함께 학습하는

# 名品漢字

4급Ⅱ

한자오체와 함께 학습하는

# 名品漢字 | 4급 II

| | |
|---|---|
| 초판 1쇄 인쇄 | 2013년 10월 10일 |
| 초판 1쇄 발행 | 2013년 10월 20일 |
| 기획·편찬 | 한국한자교육연구소 |
| 편저자 | 한국한자교육연구소 한자연구실 |
| 펴낸이 | 정종태 |
| 편집·디자인 | 인챈트리 _ 02)599-1105 |
| 출력·인쇄 | 케이피알 _ 02)2279-0557 |
| 펴낸곳 | 미래교육개발원 |
| 주소 | 서울시 성북구 삼선동4가 204-3 고려빌딩 202호 |
| 대표전화 | 02)720-2555 |
| 팩스 | 02)720-2554 |
| 출판등록 | 2010년 03월 10일 제 300-2000-97(구:제1-2699) |

ISBN 978-89-94402-24-6  04710
      978-89-94402-28-4  (세트)

한자오체와 함께 학습하는

# 名品漢字

## 4급 II

한국한자교육연구소 한자연구실

**한국한자교육연구소**

# ■ 서문

최근 동양의 정신문화가 세계를 지배하여 이끌어 가고 있고, 그 중에서도 동북아 3국이 중심역할을 하고 있습니다. 특히 중국이 경제대국으로 급부상하여 우리나라 최대 교역국으로 자리 잡으면서 한자 교육에 대한 관심이 어느 때 보다 높아지고 있습니다. 한자는 중국만의 문자가 아니고 동북아3국의 기반문자로 서로의 교류를 위해 필수 불가결한 문자입니다. 곧 국가 경쟁력의 중요한 요소인 것입니다.

또한 한자 학습을 통하여 국어의 어휘들이 가지고 있는 정확한 개념을 파악하고 어휘력을 신장시켜 보다 창의적이고 바람직한 어문생활을 할 수 있습니다. 그동안 국가공인 한자급수 자격시험을 통하여 학생들과 일반국민들이 한자를 익히고 활용하고 지식기반을 다지는데 크게 이바지하여 왔고 근래에 들어 한자 학습에 대한 필요성이 새롭게 인식되고 전국민적인 열기가 고조되고 있는 것은 무척 다행스러운 일입니다.

앞으로 우리가 이끌어 나갈 세계는 지식과 기술만이 아닌 무한한 상상력과 창조력, 응용력을 요구하는 시대입니다. 거기에 부응 할 수 있는 길은 오랜 세월 면면히 이어온 문자의 학습에 있을 것입니다. 더구나 한자는 표의문자이기에 한자를 익히게 되면 사고력을 증진시키고 인성교육에도 많은 기여를 할 것입니다. 본 연구소는 오랜 시간 한자교육과 교재개발, 교수방법 연구에 많은 투자를 해왔습니다. 이에 그간의 연구결과를 토대로 한자교육에 조금이나마 보탬이 되고자 본 책을 발간하게 되었습니다.

또한 한자 학습 뿐 아니라 한문서예에도 관심을 고취시킬 수 있게 한자오체를 통하여 한문교육을 할 수 있도록 편집하였습니다.

이는 그간 볼 수 없었던 교육방식으로 한자의 원리를 이해하면서 좀 더 흥미롭게 한문공부를 할 수 있을 것으로 사료됩니다. 아무쪼록 이 교재가 한자공부를 하는 데 있어서 지침서가 되고 한자교육 활성화에 조금이나마 도움이 되기를 바랍니다.

한국한자교육연구소 소장 **박종석**

# 일러두기

1. 이 책에는 교과서 한자를 한자능력검정시험 배정한자 기준에 의거하여 수록하였습니다.

2. 본문은 한자의 훈음, 독음, 부수, 획수, 총획, 예제 등 한자공부에 필요한 자료를 모두 수록하였습니다.

3. 예제는 모두 설명을 통하여 정확한 뜻을 확실하게 알 수 있도록 함과 동시에 어휘력향상에 도움이 될 수 있게 하였습니다.

4. 참고문헌 – 태평양저널 한자교본, 서예교본, 한자자료집

5. 글자의 설명은 글자 생성과정을 통해 이야기 식으로 풀이하였기 때문에 재미있게 익히면서 배울 수 있습니다.

6. 수록 한자 전체를 한자오체(해서, 행서, 초서, 전서, 예서)도 병행해서 수록하였습니다.


(수록예시)

行書　　　　　　　　　　草書

楷書

隸書　　　　　　　　　　篆書


7. 오체(五體) 중 정자인 해서(楷書)를 가장 크게 중앙에 쓰고 오른쪽상단에 초서(草書), 오른쪽하단에 전서(篆書), 왼쪽상단에 행서(行書), 왼쪽하단에 예서(隸書)를 수록하였습니다.

8. 가운데에 있는 해서를 먼저 익히고 쓰며, 행서, 예서, 전서, 초서 순으로 익히고 써나가기 바랍니다.

9. 미리 신습한자를 한눈에 볼 수 있게 수록하였습니다.

10. 부수한자풀이, 동음이의어, 약자, 속자, 표기주의한자 등 한자공부에 필요한 제반 상식은 책 말미에 따로 수록하였습니다.

# ■ 목차

기초학습

# 한자를 만든 원리 육서(六書)

육서는 상형문자/지사문자/회의문자/형성문자/전주문자/가차문자를 말하며, 각각 일정한 규칙에 의해 그 구성과 응용 방법에 따라 나누어진 것이다. 문자(文字)라는 말은 육서 중에서 문(文) 부분은 단독의 뜻을 가지고 있는 상형문자와 지사문자를 말하며 자(字) 부분은 이미 만들어진 문(文)의 의미를 조합하여 기본 글자를 불려나갔으니 회의문자와 형성문자가 여기에 해당 된다. 따라서 문(文)과 자(字)는 한자를 만드는 원리를 대표하는 말이다. 그 외에 전주문자와 가차문자는 이미 만들어진 문자를 활용하는 것이다.

## 상형문자(象形文字)

구체적인 사물의 모양을 본떠서 만든 글자.

예) 月, 日, 火, 木, 山, 馬, 象 등

## 지사문자(指事文字)

눈에 보이지 않는 추상적인 생각이나 사물의 뜻을 부호나 도형으로 나타내어 만든 글자.

예) 上(위 상)은 一(한 일)자 위에 조그마한 획을 그어 위(上)를 표시하고,

下(아래 하)는 아래 부분에 표시했다.

末(끝 말)은 木(나무 목) 위쪽의 기둥 가지에 표시하여 끝이라는 뜻을 표시했고,

本(근본 본)은 뿌리 부분에 한 획을 그어 근본을 표시했다.

## 회의문자(會義文字)

이미 만들어진 글자를 두 글자 이상 결합하여 새롭게 만든 글자.

예) 女 + 子 = 好 (좋을 호)  火 + 火 = 炎 (불꽃 염)  人 + 木 = 休 (쉴 휴)  老 + 子 = 孝 (효도 효)

水 + 去 = 法 (법 법)  人 + 犬 = 伏 (엎드릴 복)  人 + 二 = 仁 (어질 인)

## 형성문자(形聲文字)

상형이나 지사문자를 결합하여 한 글자는 뜻을 나타내고 다른 한 글자는 소리를 나타내도록 만든 글자.

예) 問(물을 문) – 뜻: 口(입 구) + 음: 門(문 문) : 입으로 묻는다는 의미의 口와 소리부분인 門을 합하여 만든 글자.

頭(머리 두) – 뜻: 首(머리 수) + 음: 豆(콩 두) : 머리를 나타내는 首와 소리부분인 豆를 합하여 만든 글자.

淸(맑을 청) – 뜻: 水(물 수) + 음: 靑(푸를 청) : 물이 맑다는 데서 물을 나타내는 氵(삼수변)와 소리부분인 靑을 합하여 만든 글자.

記(기록할 기) – 뜻: 言(말씀 언) + 음: 己(몸 기) : 말씀을 기록한다는 뜻에서 言과 소리부분인 己를 합하여 만든 글자.

場(마당 장) – 뜻: 土(흙 토) + 음: 陽(볕 양) : 흙을 나타내는 土와 소리부분인 陽을 합하여 만든 글자.

# 전주문자(轉注文字)

이미 있는 한자를 운용하여 다른 뜻을 주는 글자. 여기에는 두 가지 방법이 있다.

1) 음이 달라지는 경우

惡 (악할 악) → 미워할 오 : 憎惡(증오), 惡寒(오한)

度 (법도 도) → 잴 탁 : 忖度(촌탁), 度地 (탁지)

樂 (풍류 악) → 좋아할 요 : 樂山樂水 (요산요수)

2) 음이 변하지 않는 경우

長 (긴 장) → 어른 장 : 長老(장로), 長幼 (장유)

# 가차문자(假借文字)

어떤 사물을 나타낼 때 그와는 관계없는 뜻의 글자라도 소리가 같으면 빌려서(假借) 쓰는 글자로 외래어, 의성어, 의태어에 주로 쓰인다.

1) 의태어 : 모양을 나타낸 말

堂堂(당당) : 의젓한 모양

亭亭(정정) : 꼿꼿한 모양

2) 의성어 : 소리를 나타낸 말

丁丁(정정) : 나무 찍는 소리

錚錚(쟁쟁) : 악기 소리

3) 외래어 : 외국의 말을 나타내기 위해

基督 : 그리스도(Christ)

巴利 : 파리(Paris)

亞細亞 : 아세아(Asia)

佛陀 : 불타(Buddha)

可口可樂 : 코카콜라(Coca cola)

# 한자의 필순 (筆順)

한자의 필순은 절대적인 규칙이 있는 것은 아니지만 오랜 세월동안 여러 사람의 체험을 통해서 붓글씨의 획을 쓰기위한 일반적인 순서가 갖추어졌다고 할 수 있다. 글자의 모양이 아름다우면서 빠르고 정확하게 쓸 수 있는 방법이 필요했던 것이다. 붓글씨의 획은 점과 선으로 이루어져있는데 필순은 이 점과 선으로 구성된 획을 쓰는 순서를 말한다. 특히 행서와 초서의 경우에는 쓰는 순서에 따라 그 한자의 모양새가 달라진다. 필순의 기본원칙은 다음과 같다. 예외적인 경우도 잘 알아 두어야한다.

## 기본 원칙

1. 한자의 기본 필법은 항상 위에서 아래로 쓴다. 三, 工, 言, 客

2. 왼쪽에서 오른쪽으로 쓴다. 川, 州, 側, 外

3. 가로획과 세로획이 교차될 때, 가로획을 먼저 쓴다. 十, 春, 支 (예외) 세로획부터 쓴다. 田, 角, 推

4. 좌우 삐침과 파임이 교차할 때, 좌 삐침부터 쓴다. 人, 父, 合

5. 左(좌) 右(우) 대칭일 때, 가운데, 좌, 우순으로 먼저 쓴다. 小, 水, 樂 (예외) 가운데를 나중에 쓴다. 火, 性

6. 몸과 안쪽이 있을 때, 몸 쪽을 먼저 쓴다. 内, 因, 同, 司 (예외) 우측이 터진 경우는 다르다. 區, 匹, 臣

7. 가로획이 길고 왼쪽 삐침이 짧으면 왼쪽 삐침부터 쓴다. 右, 布, 希, 有

8. 가로획이 짧고 왼쪽 삐침이 길면 가로획부터 쓴다. 左, 友, 在

9. 상하로 꿰뚫는 세로획은 나중에 쓴다. 車, 中, 手

10. 좌우로 꿰뚫는 가로획은 나중에 쓴다. 女, 母 (예외) 가로획부터 쓴다. 世

11. 오른쪽 위의 점은 맨 나중에 쓴다. 成, 犬, 代

12. 책받침류는 나중에 쓴다. 建, 道, 直 (예외) 책받침류를 먼저 쓴다. 起, 題, 勉

# 부수(部首)

## 부수의 정의(定義)

부수란 한자(漢字)의 외형적 한 부분이면서 전체 의미를 상징하는 것이고 한자의 핵심 의미이자 한자 분류의 기본 원칙이다. 특히 육서의 형성문자에서 뜻 부분이 바로 그 한자의 부수라는 것을 확인할 수 있다. 곧 한자의 80% 이상인 형성문자의 효과적 이해는 부수의 이해에서부터 시작될 수 있는 것이다.

## 부수의 유래(由來)

부수의 발생은 뜻글자인 한자의 특성으로 인해 기하급수적으로 늘어나는 문자를 체계적으로 분류하고 정리할 필요성에서 시작된 것이다. 최초의 부수의 개념을 창안한 사람은 중국 한나라 때의 학자였던 허신(許愼)이라는 인물이다. 문자의 성인으로 불리는 허신이 세계 최초의 자전(字典)이며 현존하는 문자학(文字學)의 최고 권위를 지닌 《설문해자 說文解字》를 만들었는데, 계통별로 540개의 부수를 분류해 당시 한자 9,353자를 체계적으로 분류했고, 또한 구성 원리인 "육서(六書)"의 법칙으로 한자의 구조를 설명했다.

## 부수의 구성(構成)

부수는 현재 1획부터 17획까지 총 214개로 이루어져 있고 전체 214개 가운데 상형문자가 149자, 지사문자가 17자, 회의문자가 21자, 형성문자가 27자 이다. 여기에 가차(假借)의 개념으로 설명되는 부수들도 있고 육서의 분류가 중복된 부수자도 있다.
부수의 배열(排列)은 과거 중국의 〈옥편(玉篇)〉 분류 방법인 의미에 따른 계통 분류로 배열된 것이 많았으나, 근래의 배열 방법은 거의 획수(劃數)에 의한 순서로 배열하고 있다.

# 부수자(部首字)의 이름과 위치

| 이름 | 위치 | 해당 한자 |
|---|---|---|
| 제부수 | ■ | 手(손 수) 日(해 일) 月(달 월)<br>人(사람 인) 馬(말 마) 등. |
| 몸 | □ □<br>□ □<br>□ □ | 멀경몸 - 冊(책 책) 再(두 재) 등.<br>큰입구몸 - 國(나라 국) 因(인할 인) 등.<br>에운담몸 - 間(물을 문) 街(거리 가) 등.<br>위튼입구몸 - 出(날 출) 凶(흉할 흉) 등.<br>튼입구몸 - 匠(장인 장) 匣(갑 갑) 등.<br>감출혜몸 - 區(구역 구) 匹(짝 필) 등.<br>쌀포몸 - 包(쌀 포) 勿(~하지말 물) 등. |
| 머리 | □ | 돼지해머리 - 亡(망할 망) 交(사귈 교) 등.<br>민갓머리 - 冠(갓 관) 冥(어두울 명) 등.<br>갓머리 - 家(집 가) 安(편안할 안) 등.<br>대죽머리 - 第(차례 제) 笑(웃을 소) 등.<br>필발머리 - 發(필 발) 登(오를 등) 등.<br>초두머리 - 花(꽃 화) 草(풀 초) 등. |
| 발 | □ | 어진사람인발 - 兄(형 형) 兒(아이 아) 등.<br>천천히걸을쇠발 - 夏(여름 하) 등.<br>스물입발 - 弄(희롱할 롱) 등.<br>연화발 - 然(그럴 연) 등. |

| 이름 | 위치 | 해당 한자 |
|---|---|---|
| 우부방 |  | 병부절**방** – 印(도장 인) 卵(알 란) 등.<br>우부**방** – 郡(고을 군) 鄕(시골 향) 등. |
| 좌부변 |  | 이수**변** – 冷(찰 랭) 凉(서늘할 량) 등.<br>두인**변** – 德(덕 덕) 後(뒤 후) 등.<br>심방**변** – 性(성품 성) 悟(깨달을 오) 등.<br>재방**변** – 投(던질 투) 打(칠 타) 등.<br>장수장**변** – 牀(평상 상) 등.<br>개사슴록**변** – 犯(범할 범) 狗(개 구) 등.<br>구슬옥**변** – 理(다스릴 리) 球(공 구) 등.<br>죽을사**변** – 死(죽을 사) 殃(재앙 앙) 등.<br>삼수**변** – 江(강 강) 海(바다 해) 등.<br>보일시**변** – 神(귀신 신) 社(단체 사) 등.<br>육달월**변** – 肝(간 간) 能(능할 능) 등.<br>좌부방**변** – 防(막을 방) 陵(언덕 릉) 등. |
| 엄 |  | 민**엄**호 – 原(근원 원) 厄(재앙 액) 등.<br>주검시**엄** – 尾(꼬리 미) 尺(자 척) 등.<br>**엄**호 – 庭(뜰 정) 度(법도 도) 등.<br>기운기**엄** – 氣(기운 기) 등.<br>병질**엄** – 病(병들 병) 疾(병 질) 등.<br>늙을로**엄** – 老(늙을 로) 者(놈 자) 등.<br>범호**엄** – 虎(범 호) 號(부르짖을 호) 등. |
| 책받침 |  | 민책**받침** – 廷(조정 정) 建(세울 건) 등.<br>책**받침** – 近(가까울 근) 道(길 도) 등. |

# 부수자(部首字)의 변형

| 부수자 | 변형 부수자 | 해당 한자 |
|---|---|---|
| 人 (사람 인) | 亻(사람인변) | 仁(어질 인) 등 |
| 刀 (칼 도) | 刂(선칼도방) | 利(이로울 리) 등 |
| 川 (내 천) | 巛 (개미허리) | 巡(순행할 순) 등 |
| 彐 (돼지머리 계) | 彐彑 (튼가로왈) | 彗(비 혜) 彘(돼지 체) 등 |
| 攴 (칠 복) | 攵 (등글월문) | 敎(가르칠 교) 등 |
| 心 (마음 심) | 忄(심방변) | 情(뜻 정) 등 |
| 手 (손 수) | 扌(재방변) | 指(손가락 지) 등 |
| 水 (물 수) | 氵(물수변) | 法(법 법) 등 |
| 火 (불 화) | 灬 (연화발) | 熱(더울 열) 등 |
| 玉 (구슬 옥) | 王 (구슬옥변) | 珍(보배 진) 등 |
| 示 (보일 시) | 礻(보일시변) | 礼(예도 례) 등 |
| 絲 (실 사) | 糸 (실사변) | 結(맺을 결) 등 |
| 老 (늙을 로) | 耂 (늙을로엄) | 考(상고할 고) 등 |
| 肉 (고기 육) | 月 (육달월변) | 肥(살찔 비) 등 |
| 艸 (풀 초) | 艹 (초두머리) | 茶(차 다) 등 |
| 衣 (옷 의) | 衤 (옷의변) | 複(겹칠 복) 등 |
| 辵 (쉬엄쉬엄갈 착) | 辶 (책받침) | 通(통할 통) 등 |
| 邑 (고을 읍) | 阝(우부방)-오른쪽에 위치 | 都(도읍 도) 등 |
| 阜 (언덕 부) | 阝(좌부방변)-왼쪽에 위치 | 限(한정 한) 등 |

# 부수자(部首字:214자) 일람표(一覽表)

## 1 획
丨 뚫을 곤
丶 점 주
丿 삐칠 별
乙 새 을
亅 갈고리 궐

## 2 획
二 두 이
亠 머리부분 두
人 亻 사람 인
儿 어진사람인
入 들 입
八 나눌 팔
冂 멀 경
冖 덮을 멱
冫 얼음 빙
几 걸상 궤
凵 입벌릴 감
刀 칼 도
力 힘 력
勹 감쌀 포
匕 숟가락 비
匚 상자 방
匸 감출 혜
十 열 십
卜 점 복
卩 ㄖ 병부절
厂 언덕 한
厶 사사 사
又 손 우

## 3 획
口 입 구
囗 에워쌀 위
土 흙 토
士 선비 사
夂 뒤져올 치
夊 천천히 걸을 쇠
夕 저녁 석
大 큰 대
女 계집 녀
子 아들 자
宀 집 면
寸 마디 촌
小 작을 소
尢 절름발이 왕
尸 누울 시
屮 싹날 철
山 메 산
巛 내 천
工 장인 공
己 몸 기
巾 수건 건
干 방패 간
幺 작을 요
广 집 엄
廴 연이어 걸을 인
廾 두손 공
弋 주살 익
弓 활 궁
彐 ㅋㅋ 돼지머리 계
彡 무늬 삼
彳 걸을 척

## 4 획
心 마음 심
戈 창 과
戶 지게문 호
手 扌 손 수
支 나눌 지
攴 攵 칠 복
文 글월 문
斗 말 두
斤 도끼 근
方 모 방
无 없을 무
日 해 일
曰 말할 왈
月 달 월
木 나무 목
欠 하품 흠
止 그칠 지
歹 歺 남은뼈 알
殳 창 수
毋 말 무
比 견줄 비
毛 터럭 모
氏 뿌리 씨
气 기운 기
水 氵氺 물 수
火 灬 불 화
爪 爫 손톱 조
父 아비 부
爻 점괘 효
爿 조각 장
片 조각 편
牙 어금니 아
牛 牜 소 우
犬 犭 개 견

## 5 획
玄 검을 현
玉 王 구슬 옥
瓜 외 과
瓦 기와 와
甘 달 감
生 날 생
用 쓸 용
田 밭 전
疋 발 소
疒 병들 녁
癶 걸을 발
白 흰 백
皮 가죽 피
皿 그릇 명
目 눈 목
矛 창 모
矢 화살 시
石 돌 석
示 보일 시
内 짐승발자국 유
禾 벼 화
穴 구멍 혈
立 설 립

## 6 획
竹 대 죽
米 쌀 미
糸 실 사
缶 장군 부
网 罒罓罓 그물 망
羊 양 양
羽 날개 우
老 耂 늙을 로
而 말이을 이
耒 쟁기 뢰
耳 귀 이
聿 붓 률
肉 ⺼ 고기 육
臣 신하 신
自 코 자
至 이를 지
臼 절구 구
舌 혀 설
舛 어그러질 천
舟 배 주
艮 괘이름 간
色 빛 색
艸 艹 풀 초
虍 범무늬 호
虫 벌레 충
血 피 혈
行 다닐 행
衣 衤 옷 의
襾 덮을 아

## 7 획
見 볼 견
角 뿔 각
言 말씀 언
谷 골 곡
豆 콩 두
豕 돼지 시
豸 사나운짐승 치
貝 조개 패
赤 붉을 적
走 달릴 주
足 발 족
身 몸 신
車 수레 거(차)
辛 매울 신
辰 별 진
辵 辶 갈 착
邑 阝 고을 읍
酉 술 유
釆 분별할 변
里 마을 리

## 8 획
金 쇠 금
長 긴 장
門 문 문
阜 阝 언덕 부
隶 미칠 체
隹 새 추
雨 비 우
靑 푸를 청
非 아닐 비

## 9 획
面 낯 면
革 가죽 혁
韋 다룸가죽 위
韭 부추 구
音 소리 음
頁 머리 혈
風 바람 풍
飛 날 비
食 밥 식
首 머리 수
香 향기 향

## 10 획
馬 말 마
骨 뼈 골
高 높을 고
髟 털늘어질 표
鬪 싸울 투
鬯 기장술 창
鬲 오지병 격
鬼 귀신 귀

## 11 획
魚 물고기 어
鳥 새 조
鹵 소금밭 로
鹿 사슴 록
麥 보리 맥
麻 삼 마

## 12 획
黃 누를 황
黍 기장 서
黑 검을 흑
黹 바느질할 치

## 13 획
黽 맹꽁이 맹
鼎 솥 정
鼓 북 고
鼠 쥐 서

## 14 획
鼻 코 비
齊 가지런할 제

## 15 획
齒 이 치

## 16 획
龍 용 룡
龜 거북 귀

## 17 획
龠 피리 약

# 자전(字典)에서 한자찾기

## 자전(字典)을 옥편(玉篇)이라고도 한다.

한자의 부수(部首) 214자에 따라 분류한 한자를 획수의 차례로 배열하여 글자마다 우리말로 훈(뜻)과 음을 써 놓은 책이다. 자전에서 한자를 찾는 방법은 크게 아래의 세 가지 방법이 있다.

### 부수색인(部首索引) 이용법
부수한자 214자를 1획부터 17획까지의 획수에 따라 분류해서 만들어 놓은 부수색인을 이용한다.

> 〈보기〉 地자를 찾는 경우
> ① 地의 부수인 土가 3획이므로 부수색인 3획에서 土를 찾는다.
> ② 土자 옆에 적힌 쪽수에 따라 土(흙 토)부를 찾아 펼친다.
> ③ 地자에서 부수를 뺀 나머지 부분의 也획이 3획이므로 다시 3획 난의 한자를 차례로 살펴 地자를 찾는다.
> ④ 地(땅 지)자의 훈과 음을 확인한다.

### 총획색인(總畫索引) 이용법
부수색인으로 한자를 찾지 못한 경우는 글자의 총획을 세어서 획(畫)수별로 구분하여 놓은 총획색인을 이용한다.

> 〈보기〉 乾자를 찾는 경우
> ① 乾자의 총획(11획)을 센다.
> ② 총획색인 11획 난에서 乾자를 찾는다.
> ③ 乾자 옆에 적힌 쪽수를 펼쳐서 乾자를 찾는다.
> ④ 乾(하늘 건)자의 훈과 음을 확인한다.

### 자음색인(字音索引) 이용법
한자음을 알고 있을 때는 가, 나, 다 순으로 배열된 자음색인을 이용한다.

> 〈보기〉 南자를 찾는 경우
> ① 南자의 음이 남이므로 자음색인에서 남 난을 찾는다.
> ② 남 난에 배열된 한자들 중에서 南자를 찾는다.
> ③ 南자 아래에 적힌 쪽수를 찾아 펼친다.
> ④ 南(남녘 남)자의 훈과 음을 확인한다.

# 필법요령(筆法要領)

## 기초운필(基礎運筆)

글씨를 잘 쓰기 위해서는 운필하는 요령을 잘 알고 익혀야 한다. 기초 없이 좋은 글을 쓸 수 없는 것은 당연한 것이다. 운필법에는 중봉(中鋒)과 편봉(扁鋒)이 있다.

     중봉 - 붓끝이 긋는 선의 중앙을 통과하는 것.

     편봉 - 붓끝이 한쪽으로 치우쳐서 긋는 것.

글씨를 잘 쓰기 위해서는 중봉에 의한 운필법을 잘 익혀 나가야한다. 운필 = 용필(붓을 움직인다는 뜻)

긋는 굵기와 길이는 편의대로 하지만 대체로 굵기는 1cm 정도, 길이는 10~20cm 정도가 알맞다.

## 가로긋기 요령

역입(逆入) 과정

     붓끝을 반대방향으로 넣는 과정

② 전(篆) 과정

     역입된 곳에서 붓끝을 눌러 원형이
     되도록 하여 오른쪽으로 붓을 움직이는 과정

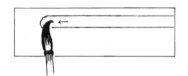

직봉(直鋒) 과정

     가로획의 오른쪽 끝부분에서 붓끝을
     수직으로 세우는 과정

④ 봉회(鋒廻) 과정

     붓끝을 오던 방향(왼쪽)으로
     거슬러 들어 올리면서 거두는 과정

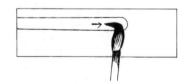

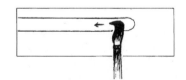

▶ 설명

①과 같이 붓끝을 일단 반대방향으로 넣은 다음

②와 같이 붓끝을 눌러 머리를 만든다. 그 다음 같은 굵기로 그어 나가다가

③과 같이 획의 끝에서 봉을 수직으로 세운 후

④와 같이 제자리로 봉회시킨다.

# 세로긋기 요령

가로 긋기의 요령을 수직(세로)으로 옮기어 하는 방법

① 역입(逆入)과정

　　붓을 반대방향 즉 아래서
　　위쪽으로 입필 시키는 과정

② 전(篆)과정

　　역입된 곳에서 붓끝을 눌러
　　원형이 되도록 하여 오른쪽으ㄹ
　　붓을 움직이는 과정

③ 송필(送筆)과정

　　획의 중간 과정으로 이때
　　2회정도 붓끝을 수직으로 세워
　　멈추는 운동이 되게 하는 과정

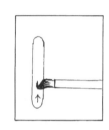

④ 봉회(鋒廻)과정

　　멈추었다가 붓끝을 가볍게 위ㅌ
　　치켜 올리며 되돌아 올라가다
　　붓을 떼는 과정

가로 긋기

세로 긋기

가로, 세로 긋기

▶ 긋는 굵기 - 1cm 내외

▶ 긋는 길이 - 10~20cm 내외

▶ 충분한 연습 필요

# 서예기초필법(楷書基礎筆法)

## 횡법(橫法)

횡서(橫書)는 왼쪽에서 오른쪽으로 긋는 획(畫)인데 평횡(平橫), 요횡(凹橫), 철횡(凸橫). 요세횡(腰細橫), 요조횡(腰粗橫), 좌첨횡(左尖橫), 우첨횡(右尖橫)이 있다.

○ 평행

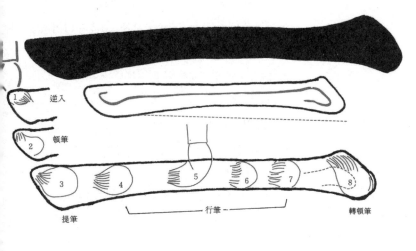

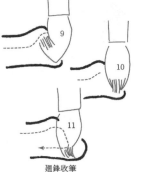

▶ 설명

1. 역입(逆入): 붓끝이 역으로 들어간다.

2. 돈필(頓筆): 아래로 향하여 점을 찍어 일단 멈춘다.

3, 4. 제필(提筆): 차츰 끌어 나아가면서 중봉이 되게 한다.

5, 6, 7. 행필(行筆): 중봉인 채로 오른쪽으로 향하여 여유 있게 붓을 움직인다,

8. 전돈필(轉頓筆): 붓끝을 전봉하여 원각을 이루면서 멈춘다.

9. 아래로 끌어내리면서 빼는 듯이 한다.

10. 맨 밑 부분에서 붓을 일으킨다.

11. 완전히 일으킨 붓끝을 왼쪽으로 되돌려 거둔다.

○ 철횡

붓을 움직이는 요령은 평횡과 같으나 가운데가 위로 올라가고 안쪽머리의 아래가 내려가면 평횡도 오른쪽으로 올라가지만 철횡은 그보다 더 많이 올라가며 가운데 부분에서는 약간 힘을 빼는 듯하여 날씬한 멋을 살리도록 한다.

## 2. 수법(豎法)

수획(豎畫)은 위에서 아래로 내리긋는 획인데 직수(直豎), 하첨수(下尖豎), 좌첨수(左尖豎), 좌호수(左弧豎), 우호수(右弧豎), 요세수(腰細豎), 요조수(腰粗豎), 상하수(上下豎) 등이 있다.

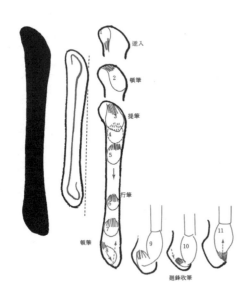

▶ 설명

1. 붓끝으로 거슬러 올라가며 입필한다.
2. 점봉하여 우하(右下)쪽으로 점을 찍듯이 하여 일단 멈춘
3. 점점 끌어내리면서 중봉이 되도록 한다.
4,5,6. 중봉의 상태에서 아래로 운필한다.
7. 일단 멈춘다.
8. 좌로 방향을 바꾸어 멈춘다.
9. 우하(右下)로 붓끝을 빼는 듯한 다음
10. 붓을 끼웠다가
11. 붓끝을 운으로 올라가며 획을 마무리한다.

▶ 해설

역입, 역봉: 붓끝을 역으로 거슬러 대는 것.
돈필: 2~3회 제자리에 머무르는 것.
제필: 붓첨을 뜻과 같이 하기 위하여 조금씩 끌어나가는 것
중봉: 붓끝이 필획가운데로 지나게 하는 것.
편봉, 탈봉: 붓끝이 필획 가운데서 벗어난 상태.

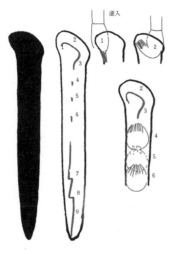

▶ 설명

1~6. 운필의 요령은 직수와 같다.
7. 일단 멈추었다가 탄력을 가하여 약간 뺀다.
8. 재차 탄력을 가하여 약간 뺀다.
9. 붓끝의 탄력으로 붓을 움직여 빼낼 수 있는 상태가 되면 빼낸

## 3. 별법(撇法)

별이란 왼쪽 아래로 삐치는 획을 말하는 것인데 약(掠), 불(拂), 사획(斜畫)으로 불려진다.

### 1) 사별

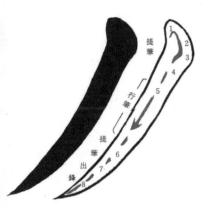

▶ 설명

1.역입: 위로 향하여 붓끝으로 거슬러 올라가 작은 점이 되게 한다.

2.돈필: 전필하여 오른쪽으로 비스듬히 기울게 점을 찍어 멈춘다.

3,4. 중봉으로 행필할 수 있도록 차츰 끌어 나아간다.

5,6. 중봉으로 행필하여 6에서 일단 멈춘다.

7,8. 붓끝의 탄력을 살려 차츰 붓끝이 모이도록 붓을 움직인 다음 삐칠 자세가 되면 삐친다.

### 2) 호별

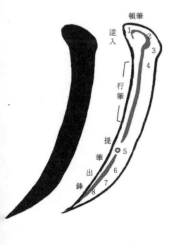

▶ 설명

1. 좌로 역봉하여 글씨를 쓴다.

2. 전봉하여 살짝 점을 찍는다.

3. 좌하행(左下行)하기 위하여 중봉이 되도록 전필한다.

4, 5. 중봉으로 점차 누르면서 좌하행(左下行)하여 6에서 지그시 누르면서 멈춘다.

6. 붓을 세우며 탄력을 주어 조금 빼고 다시 7에서 똑같은 방법으로 하고 또 8에 똑같은 방법으로 하여 붓의 탄력을 가한다.

## 4. 파법(波法)

파법은 오른쪽으로 삐치는 획인데 종파(從波)와 횡파(橫波)가 있다. 파의 용필은 파미에서 3번의 탄력을 가하는 동작으로 끝까지 필압을 잃지 말아야 한다.

1) 종파

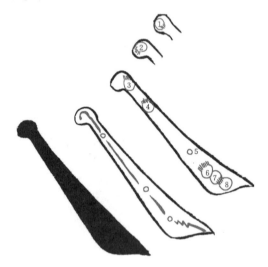

▶ 설명

1. 좌로 역봉하여 글씨를 쓴다.

2. 전봉하여 살짝 점을 찍는다.

3. 우하행(右下行)하기 위하여 중봉이 되도록 전필한다.

4, 5. 중봉으로 점차 누르면서 우하행하여 6에서 지그시 누르면서 멈춘다.

6. 붓을 세우며 탄력을 주어 조금 빼고 다시 7에서 똑같은 방법으로 하고 또 8에서 똑같은 방법으로 하여 붓의 탄력을 가하며 뺀다.

2) 횡파

원두(圓頭)와 방두(方頭) 인데 역봉하는 방법이 각기 다르고 또한 종파는 세운 데 비하여 횡파는 누운 것이 다르다. 6, 7, 8.의 용필요령은 종파와 같다.

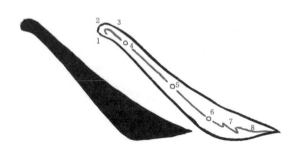

## 구법(鉤法)

~는 꺾어 삐치는 곳을 총칭하는 것으로 '갈고리'라고도 한다. 횡획에 붙는 구는 횡구, 종획에 붙는 구는 수구, 사획에
~은 구는 사구라 한다.

### 수구(竪鉤)

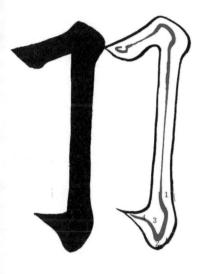

▶ 설명

1. 중봉으로 내려와 1에서 일단 멈추었다가 좌하(左下)로 방향을
   바꾸어 빼는 듯하여 2까지 끌어내린다.
2, 3, 4. 붓끝을 조금 위로 일으키며 3의 자세를 취하여 가볍게
   누르는 듯하면서 4의 각도로 삐친다.

### 우만구(右彎鉤)

▶ 설명

1. 붓을 수직으로 세워 붓끝을 대어 뾰족하게 만든 다음
   점차 누르면서 우하(右下)로 내려간다.
2. 잠시 멈추었다가 다시 우로 지그시 누르면서 붓을 움직인다.
3. 일단 멈추었다가 붓을 차츰 일으키며 4, 5, 6, 7의 순서로 방향을
   바꾼다.

### 3) 횡절구(橫折鉤)

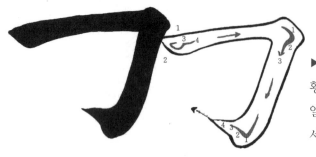

▶ 설명

횡획보다 종획을 더 굵게 한다. 삐침부분에서는 1에
일단 멈추었다가 2, 3, 4의 순으로 붓을 약간씩 틀
서 차츰 밀어 나아가 삐친다.

### 4) 사구(斜鉤)

▶ 설명

사구는 운필을 빨리하여 날렵한 멋을 살리도록 한다.
6에서 일단 멈추었다가 7, 8, 9의 순서로 점차 붓을 틀면서 붓끝
차츰 세워 삐친다.

### 5) 횡절우사구(橫折右斜鉤)

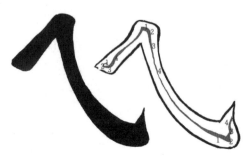

▶ 설명

횡에서 종으로 꺽어지는 곳에서는 사구와 같은 운필요령으로 하
우하행(右下行) 할 때에는 중간 부분에서 약간 힘을 빼는 기분으
하여 허리 부분을 날렵하게 한다. 삐치는 곳에서는 점차 붓을 일
키며 끝까지 힘을 받도록 한다.

## 6. 도법(挑法)

도(지침)는 우향도(右向挑)와 우상도(右上挑)가 있다.
우향도-호아(虎牙)라고도 한다.
우상도-횡도(橫挑)라고도 한다.
삐칠 때는 아래로 머물러서 다시 위쪽으로 차츰 밀어 나아가면서 붓을 점차 틀어 중봉이 된 다음에 삐쳐야한다.

### 1) 우향도역필법(右向挑逆筆法)

▶ 설명
1에서 역봉하여 전필해서 2에서 우하(右下)로 점을 찍어서
3, 4, 5의 순으로 점차 중봉상태가 되도록 한다.

### 2) 우상도운필법(右上挑運筆法)

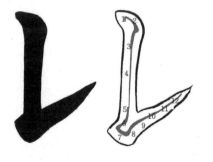

▶ 설명
6에서 봉을 똑바로 세워 좌로 끌고가 7에서 아래로 점을 찍어
머물렀다가 8. 9. 10. 11, 12의 순서대로 붓을 손가락으로 점차
들면서 붓끝을 세워 나아가 삐지는데 끝까지 힘이 들어가
있어야 한다.

## 7. 점법(點法)

측점(側點), 직점(直點), 좌우점(左右點), 횡사점(橫四點) 등이 있다.

### 1) 측점

▶ 설명

1에서 역봉하여 전필하여 우로 지긋이 점을 찍고 전필하여 우하(右下)로 머물러서 끌어내리며 붓끝을 세워 다시 점 가운데로 거슬러서 제자리에 작은 원을 그리듯이 붓끝으로만 삐친다.

### 2) 직점

▶ 설명

머리부분이 직수의 용필법과 같으며 중봉으로 아래로 빼는듯하여 붓끝을 남겨 두었다가 똑바로 일으켜서 다시 거슬러 올라가며 거둔다.

### 3) 좌우점

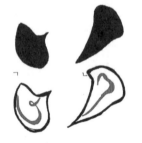

▶ 설명

ㄱ 점은 순필로 점을 찍어 우하(右下)로 각도를 머무르며 그 안에서 아래로 끌어내리며 봉을 일으켜 거슬러 올라가 제자리에서 작은 원을 그리 듯하며 마무리한다.

ㄴ의 별점은 별법에서 설명하였으니 참고할 것.

### 4) 횡사점

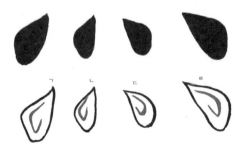

▶ 설명

대개의 점이 크기 각도 모양이 다르다.

점 ㄱ은 좌하(左下)로 향하여 순필로 점을 찍고 아래로 각도를 바꾸어 머물러서 붓끝을 아래로 끌어내리며 일으켜서 거슬러 올라가며 거둔다.

ㄴ점도 용필법은 동일하다.

ㄷ, ㄹ점은 우하(右下)로 점을 찍고 아래로 각도를 바꾸어 붓끝을 일으켜 거슬러 올라가며 마무리한다.

## 3. 영자팔법

영자팔법은 왕희지가 만든 필법으로 이 팔법을 잘 알고 있으면 모든 문자에 응용할 수가 있다.

▶ 설명

1. 측(側) 모든 점의 기본이며 가로 눕히지 않는다.
2. 늑(勒) 가로 긋기이며 수평을 꺼린다.
3. 노(努) 내려 긋기이며 곧바로 내려 힘을 준다.
4. 적(趯) 갈고리이고 송곳 같은 세력을 요한다.
5. 책(策) 치침이며 우러러 그어주면서 살며시 든다.
6. 약(掠) 삐침으로서 왼쪽을 가볍게 흘려준다.
7. 탁(啄) 짧은 삐침으로 높이 들어 빨리 삐친다.
8. 책(磔) 파임이고 고요히 대어 천천히 옮긴다.

# 五體 알기

## 해서(楷書)

진서(眞書), 정서(正書), 금예(今隷)라고도 하며, 예서를 빨리 쓰기 위해서 용필법을 간략화 하여 만든 서체이다.

(특징)  1. 한자의 표준적인 서체

2. 점·획을 단정하게 정돈하여 짜 맞추었으므로 누구나 알기 쉽고 읽기 쉬운 서체

## 행서(行書)

예서가 기초가 되어 이루어진 서체로 해서에 비하면 자형도 변화시키기 쉽고 가장 많이 보편적으로 쓰여 지는 서체로서 모든 서체의 꽃이라 할 수 있다.

(특징)  1. 점획과 점획의 연속이 원활하게 쓰여 진다.

2. 해서보다는 곡선화 되고 필요에 따라 점획과 점획의 사이에 이어지는 선이 나타난다.

3. 점획을 둥그스름하게 하거나 곡선이 사용된다. 따라서 자형이 둥그스름하게 된다

## 초서(草書)

전서, 예서를 간략하게 한 서체로 행서를 더 풀어 점획을 줄여 흘려 쓴 서체

(특징)  1. 한자의 간략체

2. 유동미와 변화미가 있다.

3. 초서의 종류 – 독초(獨草), 연면초(連綿草), 장초(章草)

## 서(隷書)

서의 번잡함을 생략하여 만들었고 각 서체 중 가장 아름답게 보이는 서체로 인장이나 상호, 각 기관 간판에 주로 쓰
진다.

## 서(篆書)

서의 역사는 문자의 역사다. 대전(大篆)과 소전(小篆)으로 구별된다.
골(甲骨), 금석문(金石文) 등 고체(古體)를 정비하고 필획을 늘린 것이 대전이고 대전을 간략하게 한 문자를
전이라고 한다.

신 습 한 자

4급Ⅱ

# 4급Ⅱ에 나오는 한자(漢字)의 한글 맞춤법

## 소리에 관한 것

두음법칙(頭音法則)은 우리말의 첫음절 소리가 'ㄹ'이나 'ㄴ'이 옴을 꺼리는 현상을 말한다.

1. 한자음 '라, 량, 려, 련, 렬, 록, 론, 류, 률'이 단어 첫머리에 올 적에는 '나, 양, 여, 연, 열, 녹, 논, 유, 율'로 적는다.
   양가(兩:家)  양국(兩:國)  양면(兩:面)  양반(兩:班)  양친(兩:親)  예배(禮:拜)  연결(連結)  연발(連發)  연승(連勝)
   연휴(連休)  연타(連打)  열거(列擧)  열강(列强)  열차(列車)  녹음(錄音)  녹취(錄取)  녹화방송(錄畫放送)
   논설(論說)  논리(論理)  논문(論文)  논단(論壇)  유보(留保)  유념(留念)  유성(流星)  유의(留意)  유임(留任)
   유학(留學)  율법(律法)  율동(律動) 등.

2. 단어의 첫머리 이외의 경우에는 본래의 음을 적는다.
   신라(新羅)  고려(高麗)  미려(美:麗)  고구려(高句麗)  기록(記錄)  강론(講論)  결례(缺禮)  결론(結論)  권력(權力)
   권리(權利)  극락왕생(極樂往生)  기립(起立)  난류(暖:流)  노력(努力)  단념(斷:念)  만리장성(萬:里長城)  무력(武:力)
   미래(未:來)  밀림(密林)  상념(想:念)  상록(常綠)  설립(設立)  설령(設令)  압력(壓力)  음률(音律)  조미료(調味料)
   차례(次例)  쾌락(快樂)  현량과(賢良科) 등.

3. 모음이나 ㄴ 받침 뒤에 이어지는 '렬, 률'은, '열, 율'로 적는다. 대열(隊列)  나열(羅列)  배열(配:列)  이율배반(二:律背反) 등

4. 접두사처럼 쓰이는 한자가 붙어서 된 말이나 합성어에서 뒷말의 첫소리가 'ㄴ' 또는 'ㄹ' 소리로 나더라도 두음 법칙에 따라 적는다. 무실역행(務:實力行) 오백나한(五:百羅漢) 진퇴양난(進:退兩難)

## 형태에 관한 것

사이시옷은 몇 개의 두 음절로 된 한자어에서, 뒷마디의 첫소리를 된소리로 나게 하거나 'ㄴ' 소리를 첨가하기 위해 앞말에 받치어 적는 'ㅅ' 받침을 말한다. 툇간(退間)  횟수(回數) 등.

## 그 밖의 것

속음(俗音)은 한자의 원래 음이 변하여 널리 통용되는 음으로 각각 그 소리에 따라 적는다. 의논(議論) 등.

## 장음과 단음 표기

훈음 옆에 쌍점:을 찍은 것은 장음 한자이며 괄호 안에 쌍점(:)을 찍은 것은 단어에 따라 장단이 갈리는 한자입니다. 쌍점이 없는 것은 단음 한자입니다. 단어에 따라 장단이 갈리는 한자도 있으니 유의하시기 바랍니다.

# 4급 II 신습한자 (250字)

| 대표음 | 한자 | 대표훈음 | 부수 | 획수 | 총획 |
|---|---|---|---|---|---|
| 가 | 假 | 거짓 가: | 人 | 09 | 11 |
| 가 | 街 | 거리 가(:) | 行 | 06 | 12 |
| 감 | 減 | 덜 감: | 水 | 09 | 12 |
| 감 | 監 | 볼 감 | 皿 | 09 | 14 |
| 강 | 講 | 욀 강: | 言 | 10 | 17 |
| 강 | 康 | 편안 강 | 广 | 08 | 11 |
| 개 | 個 | 낱 개(:) | 人 | 08 | 10 |
| 검 | 檢 | 검사할 검: | 木 | 13 | 17 |
| 결 | 潔 | 깨끗할 결 | 水 | 12 | 15 |
| 결 | 缺 | 이지러질 결 | 缶 | 04 | 10 |

# 4급Ⅱ 신습한자 (250字)

| 대표음 | 한자 | 대표훈음 | 부수 | 획수 | 총획 |
|---|---|---|---|---|---|
| 경 | 境 | 지경 경 | 土 | 11 | 14 |
| 경 | 經 | 지날/글 경 | 糸 | 07 | 13 |
| 경 | 警 | 깨우칠 경: | 言 | 13 | 20 |
| 경 | 慶 | 경사 경: | 心 | 11 | 15 |
| 계 | 係 | 맬 계: | 人 | 07 | 09 |
| 고 | 故 | 연고 고(:) | 攴 | 05 | 09 |
| 관 | 官 | 벼슬 관 | 宀 | 05 | 08 |
| 구 | 求 | 구할(索) 구 | 水 | 02 | 07 |
| 구 | 句 | 글귀 구 | 口 | 02 | 05 |
| 구 | 究 | 연구할 구 | 穴 | 02 | 07 |

# 4급Ⅱ 신습한자 (250字)

| 대표음 | 한자 | 대표훈음 | 부수 | 획수 | 총획 |
|---|---|---|---|---|---|
| 궁 | 宮 | 집 궁 | 宀 | 07 | 10 |
| 권 | 權 | 권세 권 | 木 | 18 | 22 |
| 극 | 極 | 다할/극진할 극 | 木 | 08 | 12 |
| 금 | 禁 | 금할 금: | 示 | 08 | 13 |
| 기 | 器 | 그릇 기 | 口 | 13 | 16 |
| 기 | 起 | 일어날 기 | 走 | 03 | 10 |
| 난 | 暖 | 따뜻할 난: | 日 | 09 | 13 |
| 난 | 難 | 어려울 난(:) | 隹 | 11 | 19 |
| 노 | 怒 | 성낼 노: | 心 | 05 | 09 |
| 노 | 努 | 힘쓸 노 | 力 | 05 | 07 |

# 4급Ⅱ 신습한자 (250字)

| 대표음 | 한자 | 대표훈음 | 부수 | 획수 | 총획 |
|---|---|---|---|---|---|
| 단 | 斷 | 끊을 단: | 斤 | 14 | 18 |
| 단 | 單 | 홑 단 | 口 | 09 | 12 |
| 단 | 檀 | 박달나무 단 | 木 | 13 | 17 |
| 단 | 端 | 끝 단 | 立 | 09 | 14 |
| 달 | 達 | 통달할 달 | 辵 | 09 | 13 |
| 담 | 擔 | 멜 담 | 手 | 13 | 16 |
| 당 | 黨 | 무리 당 | 黑 | 08 | 20 |
| 대 | 帶 | 띠 대(:) | 巾 | 08 | 11 |
| 대 | 隊 | 무리 대 | 阜 | 09 | 12 |
| 도 | 導 | 인도할 도: | 寸 | 13 | 16 |

# 4급 II 신습한자 (250字)

| 대표음 | 한자 | 대표훈음 | 부수 | 획수 | 총획 |
|---|---|---|---|---|---|
| 독 | 毒 | 독 독 | 母 | 05 | 09 |
| 독 | 督 | 감독할 독 | 目 | 08 | 13 |
| 동 | 銅 | 구리 동 | 金 | 06 | 14 |
| 두 | 斗 | 말 두 | 斗 | 00 | 04 |
| 두 | 豆 | 콩 두 | 豆 | 00 | 07 |
| 득 | 得 | 얻을 득 | 彳 | 08 | 11 |
| 등 | 燈 | 등 등 | 火 | 12 | 16 |
| 라 | 羅 | 벌릴 라 | 网 | 14 | 19 |
| 량 | 兩 | 두 량: | 入 | 06 | 08 |
| 려 | 麗 | 고울 려 | 鹿 | 08 | 19 |

# 4급Ⅱ 신습한자 (250字)

| 대표음 | 한자 | 대표훈음 | 부수 | 획수 | 총획 |
|---|---|---|---|---|---|
| 련 | 連 | 이을 련 | 辶 | 07 | 11 |
| 렬 | 列 | 벌릴 렬 | 刀 | 04 | 06 |
| 록 | 錄 | 기록할 록 | 金 | 08 | 16 |
| 론 | 論 | 논할 론 | 言 | 08 | 15 |
| 류 | 留 | 머무를 류 | 田 | 05 | 10 |
| 률 | 律 | 법칙 률 | 彳 | 06 | 09 |
| 만 | 滿 | 찰 만(:) | 水 | 11 | 14 |
| 맥 | 脈 | 줄기 맥 | 肉 | 06 | 10 |
| 모 | 毛 | 터럭 모 | 毛 | 00 | 04 |
| 목 | 牧 | 칠(養) 목 | 牛 | 04 | 08 |

| 대표음 | 한자 | 대표훈음 | 부수 | 회수 | 총획 |
|---|---|---|---|---|---|
| 무 | 務 | 힘쓸 무: | 力 | 09 | 11 |
| 무 | 武 | 호반 무: | 止 | 04 | 08 |
| 미 | 未 | 아닐 미(:) | 木 | 01 | 05 |
| 미 | 味 | 맛 미: | 口 | 05 | 08 |
| 밀 | 密 | 빽빽할 밀 | 宀 | 08 | 11 |
| 박 | 博 | 넓을 박 | 十 | 10 | 12 |
| 방 | 防 | 막을 방 | 阜 | 04 | 07 |
| 방 | 房 | 방 방 | 戶 | 04 | 08 |
| 방 | 訪 | 찾을 방: | 言 | 04 | 11 |
| 배 | 拜 | 절 배: | 手 | 05 | 09 |

# 4급 II 신습한자 (250字)

| 대표음 | 한자 | 대표훈음 | 부수 | 획수 | 총획 |
|:---:|:---:|:---:|:---:|:---:|:---:|
| 배 | 背 | 등 배: | 肉 | 05 | 09 |
| 배 | 配 | 나눌/짝 배: | 酉 | 03 | 10 |
| 벌 | 罰 | 벌할 벌 | 网 | 09 | 14 |
| 벌 | 伐 | 칠(討) 벌 | 人 | 04 | 06 |
| 벽 | 壁 | 벽 벽 | 土 | 13 | 16 |
| 변 | 邊 | 가(側) 변 | 辵 | 15 | 19 |
| 보 | 保 | 지킬 보(:) | 人 | 07 | 09 |
| 보 | 步 | 걸음 보: | 止 | 03 | 07 |
| 보 | 報 | 갚을/알릴 보: | 土 | 09 | 12 |
| 보 | 寶 | 보배 보: | 宀 | 17 | 20 |

# 4급Ⅱ 신습한자 (250字)

| 대표음 | 한자 | 대표훈음 | 부수 | 획수 | 총획 |
|---|---|---|---|---|---|
| 복 | 復 | 회복할 복 / 다시 부: | 彳 | 09 | 12 |
| 부 | 府 | 마을(官廳) 부(:) | 广 | 05 | 08 |
| 부 | 富 | 부자 부: | 宀 | 09 | 12 |
| 부 | 副 | 버금 부: | 刀 | 09 | 11 |
| 부 | 婦 | 며느리 부 | 女 | 08 | 11 |
| 불 | 佛 | 부처 불 | 人 | 05 | 07 |
| 비 | 飛 | 날 비 | 飛 | 00 | 09 |
| 비 | 備 | 갖출 비: | 人 | 10 | 12 |
| 비 | 非 | 아닐 비(:) | 非 | 00 | 08 |
| 비 | 悲 | 슬플 비: | 心 | 08 | 12 |

# 4급Ⅱ 신습한자 (250字)

| 대표음 | 한자 | 대표훈음 | 부수 | 획수 | 총획 |
|---|---|---|---|---|---|
| 빈 | 貧 | 가난할 빈 | 貝 | 04 | 11 |
| 사 | 寺 | 절 사 | 寸 | 03 | 06 |
| 사 | 師 | 스승 사 | 巾 | 07 | 10 |
| 사 | 謝 | 사례할 사: | 言 | 10 | 17 |
| 사 | 舍 | 집 사 | 舌 | 02 | 08 |
| 살 | 殺 | 죽일 살 / 감할/빠를 쇄: | 殳 | 07 | 11 |
| 상 | 常 | 떳떳할 상 | 巾 | 08 | 11 |
| 상 | 床 | 상 상 | 广 | 04 | 07 |
| 상 | 想 | 생각 상: | 心 | 09 | 13 |
| 상 | 狀 | 형상 상 / 문서 장: | 犬 | 04 | 08 |

# 4급Ⅱ 신습한자 (250字)

| 대표음 | 한자 | 대표훈음 | 부수 | 획수 | 총획 |
|---|---|---|---|---|---|
| 설 | 設 | 베풀 설 | 言 | 04 | 11 |
| 성 | 誠 | 정성 성 | 言 | 07 | 14 |
| 성 | 聲 | 소리 성 | 耳 | 11 | 17 |
| 성 | 盛 | 성할 성: | 皿 | 07 | 12 |
| 성 | 聖 | 성인 성: | 耳 | 07 | 13 |
| 성 | 城 | 재 성 | 土 | 07 | 10 |
| 성 | 星 | 별 성 | 日 | 05 | 09 |
| 세 | 勢 | 형세 세: | 力 | 11 | 13 |
| 세 | 稅 | 세금 세: | 禾 | 07 | 12 |
| 세 | 細 | 가늘 세: | 糸 | 05 | 11 |

# 4급Ⅱ 신습한자 (250字)

| 대표음 | 한자 | 대표훈음 | 부수 | 획수 | 총획 |
|---|---|---|---|---|---|
| 소 | 笑 | 웃음 소: | 竹 | 04 | 10 |
| 소 | 掃 | 쓸(掃除) 소(:) | 手 | 08 | 11 |
| 소 | 素 | 본디/흴(白) 소(:) | 糸 | 04 | 10 |
| 속 | 續 | 이을 속 | 糸 | 15 | 21 |
| 속 | 俗 | 풍속 속 | 人 | 07 | 09 |
| 송 | 送 | 보낼 송: | 辵 | 06 | 10 |
| 수 | 修 | 닦을 수 | 人 | 08 | 10 |
| 수 | 受 | 받을 수(:) | 又 | 06 | 08 |
| 수 | 守 | 지킬 수 | 宀 | 03 | 06 |
| 수 | 授 | 줄 수 | 手 | 08 | 11 |

# 4급Ⅱ 신습한자 (250字)

| 대표음 | 한자 | 대표훈음 | 부수 | 획수 | 총획 |
|---|---|---|---|---|---|
| 수 | 收 | 거둘 수 | 攵 | 02 | 06 |
| 순 | 純 | 순수할 순 | 糸 | 04 | 10 |
| 승 | 承 | 이을 승 | 手 | 04 | 08 |
| 시 | 詩 | 시 시 | 言 | 06 | 13 |
| 시 | 試 | 시험 시(:) | 言 | 06 | 13 |
| 시 | 視 | 볼 시: | 見 | 05 | 12 |
| 시 | 施 | 베풀 시: | 方 | 05 | 09 |
| 시 | 是 | 이(斯)/옳을 시: | 日 | 05 | 09 |
| 식 | 息 | 쉴 식 | 心 | 06 | 10 |
| 신 | 申 | 납[猿] 신 | 田 | 00 | 05 |

# 4급Ⅱ 신습한자 (250字)

| 대표음 | 한자 | 대표훈음 | 부수 | 획수 | 총획 |
|---|---|---|---|---|---|
| 심 | 深 | 깊을 심 | 水 | 08 | 11 |
| 안 | 眼 | 눈 안: | 目 | 06 | 11 |
| 암 | 暗 | 어두울 암: | 日 | 09 | 13 |
| 압 | 壓 | 누를 압 | 土 | 14 | 17 |
| 액 | 液 | 진 액 | 水 | 08 | 11 |
| 양 | 羊 | 양 양 | 羊 | 00 | 06 |
| 여 | 餘 | 남을 여 | 食 | 07 | 16 |
| 여 | 如 | 같을 여 | 女 | 03 | 06 |
| 역 | 逆 | 거스릴 역 | 辵 | 06 | 10 |
| 연 | 煙 | 연기 연 | 火 | 09 | 13 |

# 4급Ⅱ 신습한자 (250字)

| 대표음 | 한자 | 대표훈음 | 부수 | 획수 | 총획 |
|---|---|---|---|---|---|
| 연 | 研 | 갈 연: | 石 | 06 | 11 |
| 연 | 演 | 펼 연: | 水 | 11 | 14 |
| 영 | 榮 | 영화 영 | 木 | 10 | 14 |
| 예 | 藝 | 재주 예: | 艸 | 15 | 19 |
| 오 | 誤 | 그르칠 오: | 言 | 07 | 14 |
| 옥 | 玉 | 구슬 옥 | 玉 | 00 | 05 |
| 왕 | 往 | 갈 왕: | 彳 | 05 | 08 |
| 요 | 謠 | 노래 요 | 言 | 10 | 17 |
| 용 | 容 | 얼굴 용 | 宀 | 07 | 10 |
| 원 | 圓 | 둥글 원 | 口 | 10 | 13 |

# 4급II 신습한자 (250字)

| 대표음 | 한자 | 대표훈음 | 부수 | 획수 | 총획 |
|---|---|---|---|---|---|
| 원 | 員 | 인원 원 | 口 | 07 | 10 |
| 위 | 衛 | 지킬 위 | 行 | 09 | 15 |
| 위 | 爲 | 하/할 위(:) | 爪 | 08 | 12 |
| 육 | 肉 | 고기 육 | 肉 | 00 | 06 |
| 은 | 恩 | 은혜 은 | 心 | 06 | 10 |
| 음 | 陰 | 그늘 음 | 阜 | 08 | 11 |
| 응 | 應 | 응할 응: | 心 | 13 | 17 |
| 의 | 議 | 의논할 의(:) | 言 | 13 | 20 |
| 의 | 義 | 옳을 의: | 羊 | 07 | 13 |
| 이 | 移 | 옮길 이 | 禾 | 06 | 11 |

# 4급 II 신습한자 (250字)

| 대표음 | 한자 | 대표훈음 | 부수 | 획수 | 총획 |
|---|---|---|---|---|---|
| 익 | 益 | 더할 익 | 皿 | 05 | 10 |
| 인 | 印 | 도장 인 | 卩 | 04 | 06 |
| 인 | 引 | 끌 인 | 弓 | 01 | 04 |
| 인 | 認 | 알(知) 인 | 言 | 07 | 14 |
| 장 | 將 | 장수 장(:) | 寸 | 08 | 11 |
| 장 | 障 | 막을 장 | 阜 | 11 | 14 |
| 저 | 低 | 낮을 저: | 人 | 05 | 07 |
| 적 | 敵 | 대적할 적 | 攴 | 11 | 15 |
| 전 | 田 | 밭 전 | 田 | 00 | 05 |
| 절 | 絕 | 끊을 절 | 糸 | 06 | 12 |

# 4급Ⅱ 신습한자 (250字)

| 대표음 | 한자 | 대표훈음 | 부수 | 획수 | 총획 |
|---|---|---|---|---|---|
| 접 | 接 | 이을 접 | 手 | 08 | 11 |
| 정 | 政 | 정사(政事) 정 | 攵 | 05 | 09 |
| 정 | 程 | 한도/길(道) 정 | 禾 | 07 | 12 |
| 정 | 精 | 정할 정 | 米 | 08 | 14 |
| 제 | 濟 | 건널 제: | 水 | 14 | 17 |
| 제 | 提 | 끌 제 | 手 | 09 | 12 |
| 제 | 制 | 절제할 제: | 刀 | 06 | 08 |
| 제 | 製 | 지을 제: | 衣 | 08 | 14 |
| 제 | 除 | 덜 제 | 阜 | 07 | 10 |
| 제 | 際 | 즈음/가(邊) 제: | 阜 | 11 | 14 |

# 4급Ⅱ 신습한자 (250字)

| 대표음 | 한자 | 대표훈음 | 부수 | 획수 | 총획 |
|---|---|---|---|---|---|
| 제 | 祭 | 제사 제: | 示 | 06 | 11 |
| 조 | 鳥 | 새 조 | 鳥 | 00 | 11 |
| 조 | 助 | 도울 조: | 力 | 05 | 07 |
| 조 | 早 | 이를 조: | 日 | 02 | 06 |
| 조 | 造 | 지을 조: | 辵 | 07 | 11 |
| 존 | 尊 | 높을 존 | 寸 | 09 | 12 |
| 종 | 宗 | 마루 종 | 宀 | 05 | 08 |
| 주 | 走 | 달릴 주 | 走 | 00 | 07 |
| 죽 | 竹 | 대 죽 | 竹 | 00 | 06 |
| 준 | 準 | 준할 준: | 水 | 10 | 13 |

# 4급Ⅱ 신습한자 (250字)

| 대표음 | 한자 | 대표훈음 | 부수 | 획수 | 총획 |
|---|---|---|---|---|---|
| 중 | 衆 | 무리 중: | 血 | 06 | 12 |
| 증 | 增 | 더할 증 | 土 | 12 | 15 |
| 지 | 志 | 뜻 지 | 心 | 03 | 07 |
| 지 | 指 | 가리킬 지 | 手 | 06 | 09 |
| 지 | 支 | 지탱할 지 | 支 | 00 | 04 |
| 지 | 至 | 이를 지 | 至 | 00 | 06 |
| 직 | 職 | 직분 직 | 耳 | 12 | 18 |
| 진 | 進 | 나아갈 진: | 辶 | 08 | 12 |
| 진 | 眞 | 참 진 | 目 | 05 | 10 |
| 차 | 次 | 버금 차 | 欠 | 02 | 06 |

# 4급Ⅱ 신습한자 (250字)

| 대표음 | 한자 | 대표훈음 | 부수 | 획수 | 총획 |
|---|---|---|---|---|---|
| 찰 | 察 | 살필 찰 | 宀 | 11 | 14 |
| 창 | 創 | 비롯할 창: | 刀 | 10 | 12 |
| 처 | 處 | 곳 처: | 虍 | 05 | 11 |
| 청 | 請 | 청할 청 | 言 | 08 | 15 |
| 총 | 總 | 다(皆) 총: | 糸 | 11 | 17 |
| 총 | 銃 | 총 총 | 金 | 06 | 14 |
| 축 | 築 | 쌓을 축 | 竹 | 10 | 16 |
| 축 | 蓄 | 모을 축 | 艸 | 10 | 14 |
| 충 | 忠 | 충성 충 | 心 | 04 | 08 |
| 충 | 蟲 | 벌레 충 | 虫 | 12 | 18 |

# 4급Ⅱ 신습한자 (250字)

| 대표음 | 한자 | 대표훈음 | 부수 | 획수 | 총획 |
|---|---|---|---|---|---|
| 취 | 取 | 가질 취: | 又 | 06 | 08 |
| 측 | 測 | 헤아릴 측 | 水 | 09 | 12 |
| 치 | 治 | 다스릴 치 | 水 | 05 | 08 |
| 치 | 置 | 둘(措) 치: | 网 | 08 | 13 |
| 치 | 齒 | 이 치 | 齒 | 00 | 15 |
| 침 | 侵 | 침노할 침 | 人 | 07 | 09 |
| 쾌 | 快 | 쾌할 쾌 | 心 | 04 | 07 |
| 태 | 態 | 모습 태: | 心 | 10 | 14 |
| 통 | 統 | 거느릴 통: | 糸 | 06 | 12 |
| 퇴 | 退 | 물러날 퇴: | 辶 | 06 | 10 |

# 4급Ⅱ 신습한자 (250字)

| 대표음 | 한자 | 대표훈음 | 부수 | 획수 | 총획 |
|---|---|---|---|---|---|
| 파 | 波 | 물결 파 | 水 | 05 | 08 |
| 파 | 破 | 깨뜨릴 파: | 石 | 05 | 10 |
| 포 | 砲 | 대포 포: | 石 | 05 | 10 |
| 포 | 包 | 쌀(裹) 포(:) | 勹 | 03 | 05 |
| 포 | 布 | 베/펼 포(:) / 보시 보: | 巾 | 02 | 05 |
| 폭 | 暴 | 사나울 폭 / 모질 포: | 日 | 11 | 15 |
| 표 | 票 | 표 표 | 示 | 06 | 11 |
| 풍 | 豊 | 풍년 풍 | 豆 | 06 | 13 |
| 한 | 限 | 한할 한: | 阜 | 06 | 09 |
| 항 | 航 | 배 항: | 舟 | 04 | 10 |

# 4급 II 신습한자 (250字)

| 대표음 | 한자 | 대표훈음 | 부수 | 획수 | 총획 |
|---|---|---|---|---|---|
| 항 | 港 | 항구 항: | 水 | 09 | 12 |
| 해 | 解 | 풀 해: | 角 | 06 | 13 |
| 향 | 鄕 | 시골 향 | 邑 | 10 | 13 |
| 향 | 香 | 향기 향 | 香 | 00 | 09 |
| 허 | 虛 | 빌 허 | 虍 | 06 | 12 |
| 험 | 驗 | 시험 험: | 馬 | 13 | 23 |
| 현 | 賢 | 어질 현 | 貝 | 08 | 15 |
| 혈 | 血 | 피 혈 | 血 | 00 | 06 |
| 협 | 協 | 화할 협 | 十 | 06 | 08 |
| 혜 | 惠 | 은혜 혜: | 心 | 08 | 12 |

# 4급Ⅱ 신습한자 (250字)

| 대표음 | 한자 | 대표훈음 | 부수 | 획수 | 총획 |
|--------|------|----------|------|------|------|
| 호 | 好 | 좋을 호: | 女 | 03 | 06 |
| 호 | 戶 | 집 호: | 戶 | 00 | 04 |
| 호 | 護 | 도울 호: | 言 | 14 | 21 |
| 호 | 呼 | 부를 호 | 口 | 05 | 08 |
| 화 | 貨 | 재물 화: | 貝 | 04 | 11 |
| 확 | 確 | 굳을 확 | 石 | 10 | 15 |
| 회 | 回 | 돌아올 회 | 口 | 03 | 06 |
| 흡 | 吸 | 마실 흡 | 口 | 04 | 07 |
| 흥 | 興 | 일(盛) 흥(:) | 臼 | 09 | 16 |
| 희 | 希 | 바랄 희 | 巾 | 04 | 07 |

# 한자학습

## 4급 II

# 거짓 가

허물이 있고 바르지 못한 사람은
일을 꾸며 **'거짓'**되게 한다는 뜻입니다.

▶ 眞 ↔ 假(진가).  ▶ 긴소리로 읽음.

假:令 _ **가:령** 이를테면. 예를 들어 말하자면.
假:定 _ **가:정** 사실이 아니거나, 사실인지 아닌지 분명하지 않은 것을 임시로 인정함.
假:面 _ **가:면** 얼굴을 감추거나 달리 꾸미기 위하여 나무, 종이, 흙 따위로 만들어 얼굴에 쓰는 물건.

亻 人 부수 9획, 총 11획

# 거리 가

여러 갈림길이 교차된 나다니는 **'거리'**라는 뜻입니다.

▶ 긴소리 또는 짧은 소리로도 읽음.  ▶ 부수는 行(다닐 행)임.

街道 _ **가:도** 큰 길거리. 막힘이 없이 탄탄한 진로를 비유적으로 이르는 말.
街路燈 _ **가:로등** 거리의 조명이나 교통의 안전, 또는 미관 따위를 위하여 길가를 따라 설치해 놓은 등.
街:頭行進 _ **가:두행진** 무언가를 요구하거나 주장하기 위하여 길거리에서 군중들이 줄을 지어 앞으로 나가는 일.

行 부수 6획, 총 12획

# 덜 감

물이 증발되어 다 수증기가 된만큼
양이 줄어 **'덜'**게 된다는 뜻입니다.

▶ 긴소리로 읽음.  ▶ 加 ↔ 減(가감), 增 ↔ 減(증감).

減:算 _ **감:산** 어떤 수에서 어떤 수를 덜어 내는 셈.
減:量 _ **감:량** 수량이나 무게를 줄임.
減:少 _ **감:소** 양이나 수치가 줆. 또는 양이나 수치를 줄임.

氵 水 부수 9획, 총 12획

## 볼 감

누운 듯이 보이는 그릇 속에 물을 붓고 살펴 **'본다'**는
뜻입니다.

監 ≒ 視(감시).

視 _ **감시** 단속하기 위하여 주의 깊게 살핌.
房 _ **감방** 교도소에서, 죄수를 가두어 두는 방.
監 _ **영감** 나이든 사람의 아내가 그의 남편을 부르는 말. 늙은 남자의 높임말.

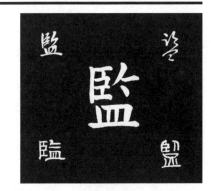

皿 부수 9획, 총 14획

---

## 편안 강

절구에 곡식을 찧어 먹을 만큼 풍년들어 **'편안'**하다는
뜻입니다.

健 ≒ 康(건강).

福 _ **강복** 건강하고 행복함.
康 _ **건:강** 정신이나 몸이 아무 탈이 없고 튼튼함. 또는 그런 상태.
康 _ **만강** 모든 것이 아주 편안함.

广 부수 8획, 총 11획

---

## 욀 강 / 강론할 강

목재를 얼기설기 쌓아올리듯이 여러 학설들을 **'강론하고'**
**'외우'**게 한다는 뜻입니다.

긴소리로 읽음.

堂 _ **강:당** 강연이나 강의, 의식 등의 여러 행사를 치르는 건물이나 방.
士 _ **강:사** 학교나 학원 따위에서 강의를 하는 사람.
義 _ **강:의** 학문이나 기술 등의 내용을 체계적으로 설명하여 가르침.

言 부수 10획, 총 17획

## 낱 개

사람이 물건을 헤아릴 때에는 굳게(固)묶은 상태에서
'**낱**'낱이 센다는 뜻입니다.

▶ 긴소리로 읽음.

個人 _ **개:인** 국가나 사회, 단체 등을 구성하는 낱낱의 사람.
個別 _ **개:별** 여럿 중에서 하나씩 따로 나뉘어 있는 상태.
個人技 _ **개:인기** 개인의 기술. 특히 단체 경기를 하는 운동에서의 개인의 기량을
이른다. 남다르게 가지고 있는 재주나 기술.

個

イ 人 부수 8획, 총 10획

## 검사할 검 / 조사할 검

여러 사람이 보는데서 나무 상자를 봉하고
그 봉인을 '**조사한다**'는 뜻입니다.

▶ 긴소리로 읽음.

檢査 _ **검:사** 사실이나 일의 상태 또는 물질의 구성 성분 따위를 조사하여 옳고 그름
낮고 못함을 판단하는 일.
檢算 _ **검:산** 계산의 결과가 맞는지를 다시 조사하는 일.
檢問 _ **검:문** 검사하기 위하여 따져 물음.

檢

木 부수 13획, 총 17획

## 이지러질 결 / 빠질 결

큰그릇이 깨지거나 갈라져 '**이지러졌다**'는 뜻입니다.

▶ 出 ↔ 缺(출결).

缺席 _ **결석** 나가야 할 자리에 나가지 않음.
缺禮 _ **결례** 예의범절에서 벗어나는 짓을 함. 또는 바르게 갖춰지지 못한 예의.
缺航 _ **결항** 정기적으로 다니는 배나 비행기가 운항을 거름.

缺

缶 부수 4획, 총 10획

# 깨끗할 결

물에 하얗게 빤 삼실이 '**깨끗하다**'는 뜻입니다.

氵水 부수 12획, 총 15획

▶ 純 ≒ 潔(순결).

潔白 _ **결백** 행동이나 마음씨가 깨끗하고 조촐하여 아무런 허물이 없음.

不潔 _ **불결** 어떤 사물이나 장소가 더럽고 지저분함. 생각이나 행위가 도덕적으로
떳떳하지 못함.

純潔 _ **순결** 잡된 것이 섞이지 아니하고 깨끗함.

# 지날 경 / 글 경

지하로 스며드는 물처럼 베틀에 세로로 세워져 묶인 날실이
사침이를 거쳐 '**지나간다**'는 뜻입니다.

糸 부수 7획, 총 13획

經過 _ **경과** 일이나 사물이 시간이 흘러 지나감에 따라 변화하고 진행되어 가는 과정.
시간이 지나감.

經書 _ **경서** 옛 성현들이 유교의 사상과 교리를 써 놓은 책.
서경·시경·대학·논어·맹자·중용 따위를 통틀어 이른다.

經驗 _ **경험** 실제로 보고 듣거나 몸소 겪음. 또는 거기에서 얻은 지식이나 기능.

# 깨우칠 경 / 경계할 경

언행을 주의하여 삼가도록 타일러 '**깨우친다**'는
뜻입니다.

言 부수 13획, 총 20획

▶ 긴소리로 읽음.

警告 _ **경:고** 조심하거나 삼가도록 미리 주의를 줌. 운동 경기나 조직 생활에서,
규칙이나 규범을 어겼을 때 주는 벌칙의 하나.

警備 _ **경:비** 도난, 재난, 침략 따위를 염려하여 사고가 나지 않도록 미리 살피고 지키는 일.

警察 _ **경:찰** 국가 사회의 공공질서와 안녕을 보장하고 국민의 안전과 재산을
보호하는 일. 또는 그 일을 하는 조직.

## 지경 경

국토나 영역의 가장자리로 '**지경**'을 뜻합니다.

土 부수 11획, 총 14획

▶ 境 ≒ 界(경계).

**境界 _ 경계** 사물이 어떠한 기준에 의하여 분간되는 한계. 지역 사이에 일정한
기준으로 구별되는 한계.
**國境 _ 국경** 나라와 나라의 영역을 가르는 경계.
**死:境 _ 사:경** 죽을 지경. 또는 죽음에 임박한 경지.

## 경사 경

남의 좋은 일에 귀한 사슴가죽 등을 들고가서 '**경사**'를
축하한다는 뜻입니다.

心 부수 11획, 총 15획

▶ 긴소리로 읽음. ▶ 부수는 心(마음 심)임.

**慶事 _ 경:사** 축하할 만큼 매우 기쁘고 즐거운 일.
**慶祝 _ 경:축** 경사스러운 일을 축하함.
**國慶日 _ 국경일** 나라의 경사를 기념하기 위하여, 국가에서 법률로 정한 경축일.
우리나라에는 삼일절, 제헌절, 광복절, 개천절 등이 있다.

## 맬 계

사람이 어떤 일을 표시하기위해 실 등으로
'**매어**'놓는다는 뜻입니다.

亻 人 부수 7획, 총 9획

▶ 긴소리로 읽음.

**係員 _ 계:원** 계 단위의 부서에서 일하는 사람.
**係長 _ 계:장** 조직에서, 계(係)를 운영하고 관리하는 직책.
또는 그런 책임을 맡고 있는 사람.
**關係 _ 관계** 둘 이상의 사람, 사물, 현상 따위가 서로 관련을 맺거나 관련이 있음.

## 연고 고 / 예 고

옛일을 들추어내 까닭 등의 **'연고'**를 알아본다는
뜻입니다.

긴소리 또는 짧은 소리로도 읽음.

故鄕 _ 고:향 자기가 태어나서 자란 곳. 마음속 깊이 간직한 그립고 정든 곳.
故國 _ 고:국 주로 남의 나라에 있는 사람이 자신의 조상 때부터 살던 나라를 이르는 말.
無故 _ 무고 탈이나 걱정거리 없이 편안함. 아무런 까닭이 없음.

攵 攴 부수 5획, 총 9획

## 벼슬 관

백성을 다스리기위해 세운 집에 여러 계층의
**'벼슬'**아치들이 있다는 뜻입니다.

官 ↔ 民(관민).  ▶ 宮(집 궁), 官(벼슬 관).

官職 _ 관직 공무원 또는 관리가 국가로부터 위임받은 일정한 직무나 직책.
官民 _ 관민 관청과 민간 또는 관리와 민간인을 아울러 이르는 말.
長官 _ 장:관 국무(國務)를 맡아보는 행정 각부의 가장 높은 직위에 있는 사람.

宀 부수 5획, 총 8획

## 연구할 구 / 궁구할 구

구불구불한 굴 속에 깊숙히 들어가 여러 곳을
샅샅이 살피듯이 **'연구한다'**는 뜻입니다.

研 ≒ 究(연구).  ▶ 부수는 穴(구멍 혈)임.

究明 _ 구명 사물의 본질, 원인 따위를 깊이 연구하여 밝힘.
硏究 _ 연:구 어떤 일이나 사물에 대하여서 깊이 있게 조사하고 생각하여 진리를
　　　　　따져 보는 일.
講究 _ 강구 좋은 대책과 방법을 궁리하여 찾아내거나 좋은 대책을 세움.

穴 부수 2획, 총 7획

## 글귀 구

말할 때 입김이 얽히듯이
말들이 엮어진 짧은 '**글귀**'라는 뜻입니다.

▶ 可(옳을 가), 句(글귀 구).　▶ 부수는 口(입 구)임.

句節 _ **구절** 한 토막의 말이나 글.
文句 _ **문구** 글을 이루고 있는 구절.
句讀 _ **구두** 글을 쓸 때, 문장 부호를 쓰는 방법을 정한 규칙(원어:구두법).

口 부수 2획, 총 5획

---

## 구할 구

가죽으로 만든 덧옷의 모양을 본뜬 자로,
누구나 '**구하**'여
입고 싶어한다는 뜻입니다.

▶ 水(물 수), 氷(얼음 빙), 永(길 영), 求(구할 구).

求人 _ **구인** 어떤 일을 하는 데에 필요한 사람을 찾음.
求愛 _ **구애** 이성(異性)에게 사랑을 구함.
要:求 _ **요:구** 받아야 할 것을 필요에 의하여 달라고 청함.

水 부수 2획, 총 7획

---

## 집 궁

여러 개의 건물이 법칙에 따라 연이어 있는 궁전 등의
'**집**'을 뜻입니다.

▶ 官(벼슬 관), 宮(집 궁).

東宮 _ **동궁** 예전에, '황태자(皇太子)'나 '왕세자(王世子)'를 달리 이르던 말.
宮合 _ **궁합** 혼인할 남녀의 사주를 오행에 맞추어 보아 부부로서의 좋고 나쁨을
　　　　　알아보는 점.
王宮 _ **왕궁** 임금이 거처하는 궁전.

宀 부수 7획, 총 10획

## 권세 **권**

좌우로 먹이나 적을 살피는 황새처럼 무게를 저울질하듯이
**'권세'**를 휘두른다는 뜻입니다.

觀(볼 관), 權(권세 권).　▶ 雚(황새 관).

權勢 _ **권세** 권력과 세력을 아울러 이르는 말.
權力 _ **권력** 남을 복종시키거나 지배할 수 있는 공인된 권리와 힘.
權益 _ **권익** 권리와 그에 따르는 이익.

權
木 부수 18획, 총 22획

---

## 극진할 **극** / 다할 **극**

대마루를 올리는 작업은 빨리 정성들여 **'극진히'** 한다는
뜻입니다.

極 ≒ 端(극단), 至 ≒ 極(지극).

極東 _ **극동** 유럽에서, 한국, 중국, 일본 등 아시아 대륙의 동부와 그 주변의 섬들을
　　　아시아 대륙의 동쪽 끝이라는 뜻으로 이르는 말.
太極旗 _ **태극기** 우리나라의 국기. 조선 1882(고종 19)년에 박영효(朴泳孝)가 처음
　　　사용하고, 이듬해에 정식으로 국기로 채택되어 공포되었다.
極樂往生 _ **극락왕생** 죽어서 극락에 다시 태어남.

極
木 부수 9획, 총 13획

---

## 금할 **금**

숲을 가꾸어 신을 모시는 신성한 곳은
함부로 들어가는것을 **'금한다'**는 뜻입니다.

긴소리로 읽음.

禁物 _ **금:물** 해서는 안 되는 일. 법적으로 사고팔거나 사용하는 일이 금지되어 있는 물건.
禁止 _ **금:지** 법이나 규칙이나 명령 따위로 어떤 행위를 하지 못하도록 함.
通禁 _ **통금** 통행금지. 특정한 지역이나 시간에 사람이나 차량이 다니는 것을 금지하는 일.

禁
示 부수 8획, 총 13획

# 일어날 기

달리기 위한 동작으로 몸을 구부렸다가
**'일어난다'**는 뜻입니다.

走 부수 3획, 총 10획

起立 _ **기립** 자리에서 일어섬.
起動 _ **기동** 몸을 일으켜 움직임.
起案 _ **기안** 사업이나 활동 계획의 초안(草案)을 만듦. 또는 그 초안.

# 그릇 기

뭇 입들이 개고기를 먹으려고 **'그릇'** 주위에
모여 있다는 뜻입니다.

▶ 부수는 口(입 구)임.

器具 _ **기구** 세간이나 연장, 또는 조작이 간단한 기계나 도구.
器官 _ **기관** 일정한 모양과 생리 기능을 가지고 있는 생물체의 부분.
武器 _ **무기** 싸울 때에 공격이나 방어의 수단으로 쓰이는 도구를 통틀어 이르는 말

口 부수 13획, 총 16획

# 따뜻할 난 (란)

햇빛이 내리쬐어 몸이 느즈러질 정도로
**'따뜻하다'**는 뜻입니다.

▶ 溫 ≒ 暖(온난), 寒 ↔ 暖(한란). ▶ 긴소리로 읽음.

暖:房 _ **난:방** 추위를 막기 위해 실내의 온도를 인위적으로 올리는 일.
寒暖 _ **한란** 추움과 따뜻함을 아울러 이르는 말.
溫暖化 _ **온난화** 기온이 높아짐, 따뜻한 상태로 되다.

日 부수 9획, 총 13획

## 어려울 난

새가 진흙에 빠져 헤어나오기 **'어렵다'**는 뜻입니다.

▶ 긴소리 또는 짧은 소리로도 읽음.

**難解 _ 난해** 뜻을 이해하기 어려움. 풀거나 해결하기 어려움.
**難攻不落 _ 난공불락** 공격하기가 어려워 쉽사리 함락되지 아니함.
**難民保護 _ 난민보호** 전쟁이나 재난 따위를 당하여 곤경에 빠진 사람들을 잘 보살펴 돌봄.

隹 부수 11획, 총 19획

## 힘쓸 노

종은 대체로 체력을 바탕으로 **'힘쓰'**며 일한다는 뜻입니다.

▶ 怒(성낼 노), 努(힘쓸 노).  ▶ 奴(종 노).

**努力 _ 노력** 목적을 이루기 위하여 있는 힘을 다해 부지런히 애를 씀
**努力型 _ 노력형** 목적을 이루기 위하여 남이나 타고난 재능에 의존하지 않고 스스로
　　　　힘을 들여 애쓰는 유형.

力 부수 5획, 총 7획

## 성낼 노

천대받고 무시당하면 종의 마음이라도 **'성낸다'**는 뜻입니다.

▶ 努(힘쓸 노), 怒(성낼 노).  ▶ 긴소리로 읽음.

**怒:氣 _ 노:기** 성난 얼굴빛. 또는 그런 기색이나 기세.
**疾風怒濤 _ 질풍노도** 몹시 빠르게 부는 바람과 무섭게 소용돌이치는 물결.
**怒:發大發 _ 노:발대발** 몹시 화가 나 크게 성을 냄.

心 부수 5획, 총 9획

# 홑(하나) 단 / 흉노임금 선

창끝은 두 가닥졌지만 '홑(하나)'으로 묶인 모양을
나타낸 뜻입니다.

▶ 單 ≒ 獨(단독).　▶ 일자다음자임. 단·선

口 부수 9획, 총 12획

單獨 _ 단독 단 한 사람. 단 하나.
單語 _ 단어 분리하여 자립적으로 쓸 수 있는 말의 최소 단위. 1개 이상의 형태소로
　　　　이루어지고, 일정한 뜻을 가진다. '공원에 간다'에서 '공원', '에', '간다' 따위이다.
單位 _ 단위 길이, 무게, 수효, 시간 등의 수량을 수치로 나타낼 때 기초가 되는 일정한 기준.

# 끝(실마리) 단 / 바를 단

실뿌리에서 바로 서 나온 초목의 '끝'이라는 뜻입니다.

▶ 極 ≒ 端(극단).　▶ 末 ≒ 端(말단).

立 부수 9획, 총 14획

端正 _ 단정 옷차림새나 몸가짐 따위가 얌전하고 바름.
端末機 _ 단말기 중앙에 있는 컴퓨터와 통신망으로 연결되어 데이터를 입력하거나
　　　　　　처리 결과를 출력하는 장치.
端午 _ 단오 우리나라 명절의 하나. 음력 5월 5일로, 단오떡을 해 먹고 여자는
　　　　창포물에 머리를 감고 그네를 뛰며 남자는 씨름을 한다.

# 박달나무 단

나무가 크고 단단한 재질을 가진 '박달나무'라는 뜻입니다.

木 부수 13획, 총 17획

檀君 _ 단군 우리 민족의 시조로 받드는 태초의 임금. 단군 신화에 따르면, 환웅과
　　　　웅녀 사이에 태어나 아사달에 도읍을 정하고 고조선을 세워
　　　　약 2천 년 동안 나라를 다스렸다고 한다.
檀園 _ 단원 김홍도(조선 영조 때의 화가)의 호(號).

## 끊을 단

실다발에 도끼질을 하여 **'끊는다'**는 뜻입니다.

斷 ↔ 續(단속), 斷 ≒ 絶(단절).　▶ 긴소리로 읽음.

:念 _ **단:념** 품었던 생각을 아주 끊어 버림.
:續 _ **단속** 끊어졌다 이어졌다 함.
:食 _ **단식** 일정 기간 동안 의식적으로 음식을 먹지 아니함.

斤 부수 14획, 총 18획

## 통달할 달

어미와 크게 떨어진 새끼양이 이르러 **'통달한다'**는 뜻입니다.

到 ≒ 達(도달).

成 _ **달성** 목적한 것을 이룸.
人 _ **달인** 사물의 이치와 도리에 정통한 사람이나 특정 분야에 남달리 뛰어난
　　　 역량을 가진 사람.
達 _ **통달** 막힘없이 환히 통함.

辶 辵 부수 9획, 총 13획

## 멜 담

무거운 짐을 손으로 들어 어깨에 짊어 **'멘다'**는 뜻입니다.

當 _ **담당** 어떤 일을 책임지고 맡음. 또는 맡아 책임을 지는 사람.
保 _ **담보** 빚진 사람이 빚을 갚지 않을 경우를 대비하여 그 빚을 대신할 수 있는
　　　 신용으로 받는 것.
任教師 _ **담임교사** 초·중·고등학교 등에서 한 반의 학생을 전적으로 책임지고
　　　 맡아 지도하는 교사.

扌 手 부수 13획, 총 16획

黑 부수 8획, 총 20획

## 무리 당

어두운 장래를 헤쳐나가려고
높은 뜻을 품고 모인 **'무리'**라는 뜻입니다.

▶ 黑(검을 흑 : 검다, 어둡다).
▶ 堂(집 당), 當(마땅 당), 常(떳떳할 상), 黨(무리 당).

黨權 _ **당권** 어떤 정당을 이끌어 가는 정치적인 힘.
黨爭 _ **당쟁** 권력을 잡기 위해 당파 혹은 정당들끼리 벌이는 싸움.
野:黨 _ **야:당** 정당 정치에서, 현재 정권을 잡고 있지 아니한 정당.

巾 부수 8획, 총 11획

## 띠 대

여러 물건을 꿴 끈에 수건을 매달아 허리에 차는 **'띠'**라는
뜻입니다.

▶ 긴소리 또는 짧은 소리로도 읽음.　▶ 부수는 巾(수건 건)임.

帶:同 _ **대:동** 함께 데리고 감.
地帶 _ **지대** 자연적, 또는 인위적으로 한정된 일정 구역. 예: 공장 지대, 평야 지대.
熱帶林 _ **열대림** 열대 지방에 있는 삼림 식물대. 평균 기온은 20℃ 이상으로,
　　　　　　식물의 종류가 풍부하다.

阝 阜 부수 9획, 총 12획

## 무리(떼) 대

언덕을 분별없이 쏘다니는 멧돼지의 **'무리'**라는
뜻입니다.

隊列 _ **대열** 줄을 지어 늘어선 행렬.
隊員 _ **대원** 하나의 부대나 집단을 이루고 있는 구성원.
軍隊 _ **군대** 일정한 규율과 질서를 가지고 조직된 군인의 집단.

## 인도할 도

가야할 길을 손으로 가리켜 '**인도해**'준다는 뜻입니다.

▶ 부수는 寸(마디 촌)임.  ▶ 긴소리로 읽음.  ▶ 寸(촌)은 손 → 도와줌을 뜻함.

導入 _ **도:입** 기술, 방법, 물자 따위를 끌어 들임.
導出 _ **도:출** 판단이나 결론 따위를 이끌어 냄.
引導 _ **인도** 이끌어 지도함. 길이나 장소를 안내함.

寸 부수 13획, 총 16획

## 독 독

산모(母)에게 약초를 너무 많이 먹이면 몸에 나쁘고
'**독**'이 된다는 뜻입니다.

▶ 부수는 毋(말 무)임.

毒藥 _ **독약** 사람이나 동물의 생명을 위협하는 독성을 가진 약제.
毒草 _ **독초** 독이 들어 있는 풀.
毒性 _ **독성** 독이 있는 성분. 병원균이 질병을 일으킬 수 있는 능력.

毋 부수 4획, 총 8획

## 감독할 독 / 살필 독

어린아이는 눈을 떼지말고 잘 '**감독해**'야 한다는 뜻입니다.

監督 _ **감독** 어떤 일을 잘못이 없도록 보살펴 단속함. 또는 그 일을 맡은 사람.
督戰 _ **독전** 싸움을 감독하고 사기를 북돋워 줌.
基督教 _ **기독교** 우리나라에서 '개신교(改新教)'를 이르는 말.
　　　　　'기독(基督)'은 '그리스도'의 음역어이다.

目 부수 8획, 총 13획

# 구리 **동**

빛깔이 금과 거의 같은 금속인 **'구리'**를 나타낸 것입니다.

▶ 桐 (오동나무 동), 同 (한가지 동), 洞 (골 동 / 밝을 통).

**銅賞** _ **동상** 금, 은, 동으로 상의 등급을 매길 때, 셋째 등급의 상.
**黃銅** _ **황동** 구리에 아연을 10~45% 넣어 만든 합금.
　　　　　 가공하기 쉽고 녹슬지 않기 때문에 공업 재료 따위로 널리 쓰인다.
**靑銅器** _ **청동기** 청동으로 만든 그릇이나 기구.

金 부수 6획, 총 14획

# 말 **두**

곡식의 용량을 재는 그릇인 자루 달린 **'말'**의 모양을
본뜬 것입니다.

**斗量** _ **두량** 되나 말로 곡식의 분량을 헤아려서 셈. 또는 그 분량.
**北斗七星** _ **북두칠성** 큰곰자리에서 국자 모양을 이루며 가장 뚜렷하게 보이는 일곱 개의
**泰斗** _ **태두** 태산북두(泰山北斗)의 준말로 세상 사람들에게 우러러 존경을 받는 사람
　　　　 또는 학문이나 예술 방면에 손꼽을 만한 권위가 있는 사람을 이르는 말.

斗 부수 0획, 총 4획

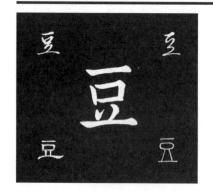

# 콩 **두**

옛날에 고기를 담던 제기그릇의 모양을 본뜬 것입니다.
그 그릇의 모양이
콩꼬투리 같이 생겨 **'콩'**을 나타낸 것입니다.

**豆油** _ **두유** 콩기름. 리놀산이 많이 함유되어 있어 정제하여 식용한다.
**豆滿江** _ **두만강** 북한과 중국의 국경 지대를 흐르는 강.
　　　　　 한반도의 북동부에 위치해 있다. 백두산에서 동해로 흘러간다.
**種豆得豆** _ **종두득두** 콩을 심으면 반드시 콩이 나온다는 뜻. 원인에 따라 결과가 생김.

豆 부수 0획, 총 7획

# 얻을 득

돈이 되는 조개를 구하러 다니다가
손에 쥐게 되어 **'얻었다'**는 뜻입니다.

➤ 得 ↔ 失(득실).

.........................................

**得失 _ 득실** 이익과 손해를 아울러 이르는 말.

**得票 _ 득표** 투표에서 찬성표를 얻음. 또는 그 얻은 표.

**所得 _ 소:득** 어떤 일의 결과로 얻은 이익. 일정 기간 동안의 근로 사업이나
　　　　　　자산의 운영 따위에서 얻는 수입.

彳 부수 8획, 총 11획

---

# 등 등

심지에 불을 붙이고 높이 올려 **'등'**을 단다는 뜻입니다.

➤ 登(등)은 위에 올라가다, 또는 위에 얹는 일을 뜻함.

.........................................

**電燈 _ 전:등** 전기의 힘으로 밝은 빛을 내는 등.

**燈火可親 _ 등화가친** 등불을 가까이할 만하다는 뜻.
　　　　　　　　서늘한 가을밤은 등불을 가까이 하여 글 읽기에 좋음을 이르는 말.

**風前燈火 _ 풍전등화** 바람 앞의 등불이라는 뜻.
　　　　　　　　매우 위태로운 처지에 놓여 있음을 비유적으로 이르는 말

火 부수 12획, 총 16획

---

# 벌릴 라 / 벌(벌판) 라 (나)

새잡이 그물을 치려고 줄을 매 **'벌려'** 놓는다는 뜻입니다.

➤ 두음법칙에 따라 첫글자의 음이 바뀜. 라 → 나

.........................................

**羅列 _ 나열** 죽 벌여 놓음. 또는 죽 벌여 있음.

**新羅 _ 신라** 시조 박혁거세(朴赫居世)가 기원전 57년에 지금의 경주를 중심으로 하여
　　　　　　세운 나라. 7세기 한반도 최초의 통일 국가를 형성, 935년에 멸망.

**五百羅漢 _ 오:백나한** 석가여래가 입적한 후 그의 가르침을 결집하기 위해 모인
　　　　　　　　오백 명의 아라한.

罒 罓 부수 14획, 총 19획

# 두 량 (양)

칸막이를 한 양쪽 칸에 물건이 하나씩 들어있어
모두 **'두'**개라는 뜻입니다.

▶ 부수는 入(들 입)임.　▶ 긴소리로 읽음.
▶ 두음법칙에 따라 첫글자의 음이 바뀜. 량 → 양

兩:家 _ **양:가** 양쪽 집안.
兩:面 _ **양:면** 사물의 두 면. 또는 그것의 겉과 안. 표면으로 드러난 점과 드러나지
　　　　 아니한 점.
兩:班 _ **양:반** 지체나 신분이 높거나 문벌이 좋은 상류 계급에 속한 사람.
　　　　 점잖은 사람을 비유적으로 이르는 말.

入 부수 6획, 총 8획

---

# 고울 려 (여)

사슴이 나란히 떼지어 가는 모습이 **'곱다'**는 뜻입니다.

▶ 두음법칙에 따라 첫글자의 음이 바뀜. 려 → 여

美:辭麗句 _ **미:사여구** 아름다운 말로 듣기 좋게 꾸민 글귀.
美:麗 _ **미:려** 아름답고 곱다.
高句麗 _ **고구려** 우리나라 고대의 삼국 가운데 동명왕 주몽이 기원전 37년에 세운 나라.
　　　　 광개토 대왕 때에는 한반도 남부에서 요동 지방까지 영유함.
　　　　 668년에 라·당연합군에게 멸망.

麗 부수 8획, 총 19획

---

# 이을 련 (연)

여러 대의 수레가 앞서거니 뒤서거니
줄을 **'잇'**는다는 뜻입니다.

▶ 두음법칙에 따라 첫글자의 음이 바뀜. 련 → 연

連結 _ **연결** 사물과 사물 또는 현상과 현상이 서로 이어지거나 관계를 맺음.
連勝 _ **연승** 말이나 글에서 사고나 추리 따위를 이치에 맞게 이끌어 가는 과정이나 원리
一連番號 _ **일련번호** 일률적으로 연속되어 있는 번호.

辶 辵 부수 7획, 총 11획

# 벌릴 렬 / 벌(벌일) 렬 (열)

칼로 뼈의 살을 발라내어 '**벌**'려 놓는다는 뜻입니다.

刂(=刀 : 칼, 베다, 자르다)와 歹(살 바른 뼈 알)이 합(合)하여 이루어짐.
두음법칙에 따라 첫글자의 음이 바뀜. 렬 → 열

擧 _ **열거** 여러 가지 예나 사실을 낱낱이 죽 늘어놓음.
强 _ **열강** 국제 관계에서 강력한 권한을 행사하는 여러 강국(强國).
車 _ **열차** 여러 개의 찻간을 길게 이어 놓은 차량. 흔히 전철이나 기차 따위를 이른다.

刂 刀 부수 4획, 총 6획

# 기록할 록 (녹)

금속 칼로 나무판을 깎아 글자를 새겨 '**기록한다**'는 뜻입니다.

綠(푸를 록), 錄(기록할 록). ▶ 두음법칙에 따라 첫글자의 음이 바뀜. 록 → 녹

音 _ **녹음** 나중에 그대로 다시 들을 수 있도록 소리를 저장 매체에 담음.
　　　　　또는 그 저장한 소리.
取 _ **녹취** 방송 따위의 내용을 녹음하고 채취함.
錄 _ **기록** 후일에 남길 목적으로 어떤 사실을 적음. 운동 경기 따위에서 세운
　　　　　성적이나 결과를 수치로 나타냄.

金 부수 8획, 총 16획

# 논할 론 (논)

자기의 생각을 조리있게 말하며 '**논한다**'는 뜻입니다.

議 ≒ 論(의논). ▶ 두음법칙에 따라 첫글자의 음이 바뀜. 론 → 논

說 _ **논설** 어떤 주제에 관하여 자기의 의견이나 주장을 조리 있게 설명함.
理 _ **논리** 말이나 글에서 사고나 추리 따위를 이치에 맞게 이끌어 가는 과정이나 원리.
論 _ **결론** 말이나 글의 끝을 맺는 부분. 최종적으로 판단을 내림.

言 부수 8획, 총 15획

## 머무를 류 (유)

밭에 난 무성한 풀을 매려고 오랫동안 '**머무른다**'는 뜻입니다

▶ 停 ≒ 留(정류). ▶ 두음법칙에 따라 첫글자의 음이 바뀜. 류 → 유

留保 _ 유보 어떤 일을 당장 처리하지 아니하고 나중으로 미루어 둠.
留念 _ 유념 잊거나 소홀히 하지 않도록 마음속에 깊이 간직하여 생각함.
抑留 _ 억류 불법적으로 남의 자유(自由)를 억지로 구속(拘束)함.

田 부수 5획, 총 10획

## 법칙 률 (율)

인간 행위의 기준을 적어 놓은 '**법칙**'이라는 뜻입니다.

▶ 法 ≒ 律(법률). ▶ 두음법칙에 따라 첫글자의 음이 바뀜. 률 → 율

律法 _ 율법 헌법, 법률, 명령 등의 강제력이 있는 모든 법을 통틀어 이르는 말.
律動 _ 율동 일정한 규칙을 따라 주기적으로 움직임. 음악에 맞추어 하는 체조.
音律 _ 음률 소리와 음악의 가락.

彳 부수 6획, 총 9획

## 찰 만

그릇에 담긴 물이 반반하여
흘러 넘치도록 '**차**'있다는 뜻입니다.

▶ 긴소리 또는 짧은 소리로도 읽음.

滿期 _ 만기 미리 정한 기한이 다 참. 또는 그 기한.
滿足 _ 만족 모자람이 없이 충분하고 넉넉함.
滿員 _ 만:원 정한 인원이 다 참. 사람이 매우 붐비거나 많은 상태.

氵水 부수 11획, 총 14획

## 줄기 맥

몸 속의 피가 순환하도록 갈래진 **'줄기'**라는 뜻입니다.

金脈 _ 금맥 금광의 줄기. 금메달을 따는 일을 비유적으로 이르는 말.
動脈 _ 동:맥 심장에서 피를 신체 각 부분에 보내는 혈관.
　　　　 일반적으로 혈관의 벽이 두꺼우며 탄력성과 수축성이 많다.
一脈相通 _ 일맥상통 사고방식, 상태, 성질 따위가 서로 통하거나 비슷함.

月 肉 부수 6획, 총 10획

## 터럭 모

사람의 눈썹·머리털, 또는 짐승 등의 **'털'**을 본뜬 것입니다.

毛 ↔ 皮(모피).　▶ 手(손 수), 毛(털 모).

毛根 _ 모근 털이 피부에 박힌 부분.
不毛地 _ 불모지 식물이 자라지 못하는 거칠고 메마른 땅.
二毛作 _ 이:모작 같은 땅에서 1년에 종류가 다른 농작물을 두 번 심어 거둠.
　　　　 논에서는 보통 여름에 벼, 가을에 보리나 밀을 심어 가꾼다.

毛 부수 0획, 총 4획

## 칠 목 / 기를 목

손에 채찍을 들고 소 등의 짐승을 길러내는 것을
**'친다'**고 한다는 뜻입니다.

牛(소 우)와 攵(칠 복/채찍질할 복)자가 합해진 글자.

牧童 _ 목동 풀을 뜯기며 가축을 치는 아이.
牧場 _ 목장 일정한 시설을 갖추어 소나 말, 양 따위를 놓아기르는 곳.
牧民心書 _ 목민심서 조선 순조 때, 정약용(丁若鏞)이 지은 책. 지방관을 각성시키고
　　　　 농민 생활의 안정을 이루려는 목적으로 쓰였다.

牛 牛 부수 4획, 총 8획

止 부수 4획, 총 8획

## 호반 무 / 무사 무

무기를 들고 침략을 미리 방지하는 무사들의 벼슬아치인
**'호반'**을 뜻합니다.

▶ 文 ↔ 武(문무).　▶ 부수는 止(그칠 지)임.　▶ 긴소리로 읽음.

武:士 _ **무:사** 무예를 익히어 그 방면에 종사하는 사람.
武:器 _ **무:기** 싸울 때에 공격이나 방어의 수단으로 쓰이는 도구를 통틀어 이르는 말
武:力 _ **무:력** 병력 또는 무기를 바탕으로 하는 군사상의 힘. 때리거나 부수는 따위의
　　　　　육체를 사용한 힘.

力 부수 9획, 총 11획

## 힘쓸 무

힘든 일에 더욱 **'힘쓴다'**는 뜻입니다.

▶ 부수는 力(힘 력)임.　▶ 긴소리로 읽음.

業務 _ **업무** 직장 같은 곳에서 맡아서 하는 일.
始:務式 _ **시:무식** 연초에 근무를 시작할 때 행하는 의식.
務:實力行 _ **무:실역행** 참되고 실속 있도록 힘써 실행함.

木 부수 1획, 총 5획

## 아닐 미

가는 나뭇가지는 아직 다 자란 것이 **'아니다'**는
뜻입니다.

▶ 末(끝 말), 未(아닐 미).　▶ 긴소리 또는 짧은 소리로도 읽음.

未:來 _ **미:래** 앞날. 앞으로 올 때.
未:滿 _ **미:만** 정한 수효나 정도에 차지 못함. 그 수량이 범위에 포함되지 않으면서
　　　　　그 아래인 경우를 가리킨다
未:開 _ **미:개** 사회가 발전되지 않고 문화 수준이 낮은 상태.

# 맛 미

아직 익지 않은 과일의 '맛'을 본다는 뜻입니다.

意味 _ 의:미 말이나 글의 뜻. 행위나 현상이 지닌 뜻.

調味料 _ 조미료 양념. 음식의 맛을 알맞게 맞추는 데에 쓰는 재료.

妙味 _ 묘미 어떤 사물이나 현상에서 느껴지는 미묘한 재미나 흥취.

口 부수 5획, 총 8획

---

# 빽빽할 밀 / 비밀 밀

산을 뒤덮고 있는 나무들이 '빽빽하다'는 뜻입니다.

蜜(꿀 밀).

密林 _ 밀림 큰 나무들이 빽빽하게 들어선 깊은 숲.

密度 _ 밀도 빽빽이 들어선 정도.

密集 _ 밀집 빈틈없이 빽빽하게 모임.

宀 부수 8획, 총 11획

---

# 넓을 박

여러 방면으로 통하는 학식이 '넓다'는 뜻입니다.

闊 (넓을 활), 普 (넓을 보), 洪 (넓을 홍), 廣 (넓을 광).

博士 _ 박사 대학원의 박사 과정을 마치고 규정된 절차를 밟은 사람에게 수여하는 학위.
또는 그 학위를 딴 사람.

博愛 _ 박애 모든 사람을 평등하게 사랑함.

博學多識 _ 박학다식 학식이 넓고 아는 것이 많음.

十 부수 10획, 총 12획

## 막을 **방**

언덕을 만들어 아래 방향으로의
물흐름을 '**막는다**'는 뜻입니다.

▶ 攻 ↔ 防(공방).　▶ 攻 ↔ 守(공수).

**防空 _ 방공** 적의 항공기나 미사일의 공격을 막음.
**防蟲 _ 방충** 해로운 벌레가 침범하여 해를 끼치지 못하도록 막음.
**防火 _ 방화** 불이 나는 것을 미리 막음.

阝 阜 부수 4획, 총 7획

---

## 방 **방**

문을 열고 안으로 들어가는 방향에 있는 '**방**'을
나타낸 것입니다.

▶ 문을 뜻하는 호(戶)와 겹의 뜻을 가진 방(方)으로 이루어진 글자.

**房門 _ 방문** 방으로 드나드는 문.
**各房 _ 각방** 따로따로의 방.
**暖房 _ 난:방** 실내의 온도를 높여 따뜻하게 하는 일.

戶 부수 4획, 총 8획

---

## 찾을 **방**

좋은 말씀을 듣기위해 여기저기의 방향으로 나아가
'**찾는다**'는 뜻입니다.

▶ 긴소리로 읽음.

**訪問 _ 방:문** 어떤 사람이나 장소를 찾아가서 만나거나 봄.
**訪美 _ 방:미** 미국을 방문함.
**巡訪 _ 순방** 나라나 도시 따위를 차례로 돌아가며 방문함.

言 부수 4획, 총 11획

## 등 배

앞에 있는 배의 반대쪽인 '**등**'을 나타낸 것입니다.

- 背 ≒ 反(배반).　▶ 긴소리로 읽음.
- 北(달아날 배/북녘 북)은 사람이 등을 맞댄 모양을 나타내는 글자.

背景 _ **배:경** 뒤쪽의 경치. 사건이나 환경, 인물 따위를 둘러싼 주위의 정경.
背反 _ **배:반** 믿음과 의리를 저버리고 돌아섬.
背後 _ **배:후** 어떤 일의 드러나지 않은 이면.

月 肉 부수 5획, 총 9획

## 절 배

두 손을 모아 몸을 아래로 굽히고 '**절**'을 한다는 뜻입니다.

- 긴소리로 읽음.

拜上 _ **배:상** 절하며 올린다는 뜻. 편지글에서 내용을 다 쓴 뒤에 자기 이름 다음에 쓰는 말.
禮拜 _ **예:배** 개신교에서, 성경을 읽고 기도와 찬송으로 하나님에 대한 존경과 숭배를
　　　　　　나타내는 의식.
歲拜 _ **세:배** 섣달그믐이나 정초에 웃어른께 인사로 하는 절.

手 부수 5획, 총 9획

## 나눌 배 / 짝 배

남녀 두 사람이 혼례를 치르며 술을 함께 '**나눠**' 마신다는
뜻입니다.

- 集 ↔ 配(집배).　▶ 긴소리로 읽음.

配給 _ **배:급** 영리를 목적으로 하지 않고 상품을 나누어 주는 일. 상품 따위를 생산자가
　　　　　소비자에게 팖. 또는 그런 유통 과정.
配達 _ **배:달** 물품을 날라다 줌.
配置 _ **배:치** 사람이나 물자 따위를 일정한 자리에 알맞게 나누어 둠.

酉 부수 3획, 총 10획

# 칠 벌

창 등의 무기를 가지고 사람들을 **'친다'**는 뜻입니다.

**伐草 _ 벌초** 무덤의 풀을 베어서 깨끗이 함.
**北伐 _ 북벌** 쑨원(孫文)의 중국 국민 혁명군이 북방의 군벌 타도를 목적으로 행한
　　　　　출병(出兵). 1926년~28년 장제스(蔣介石)가 주도한 토벌이 가장 유명.
**殺伐 _ 살벌** 행동이나 분위기가 거칠고 무시무시함.

亻 人 부수 4획, 총 6획

---

# 벌할 벌

잡힌 죄인을 꾸짖거나 칼로 혼내 **'벌한다'**는 뜻입니다.

▶ 賞 ↔ 罰(상벌).

**罰金 _ 벌금** 규약을 위반했을 때에 벌로 내게 하는 돈.
**罰則 _ 벌칙** 법규를 어긴 행위에 대한 처벌을 정하여 놓은 규칙.
**處罰 _ 처:벌** 형벌에 처함. 또는 그 벌.

罒 网 부수 9획, 총 14획

---

# 벽 벽

바람이나 적을 막기 위해 흙이나 돌로 쌓은 **'벽'**이라는
뜻입니다.

▶ 避 (피할 피).

**壁紙 _ 벽지** 벽에 바르는 종이.
**壁報 _ 벽보** 벽이나 게시판에 붙여 널리 알리는 글.
**絶壁 _ 절벽** 바위가 깎아 세운 것처럼 아주 높이 솟아 있는 험한 낭떠러지. 고집이
　　　　　세어 남의 말을 들으려고 하지 아니하는 사람을 비유적으로 이르는 말.

土 부수 13획, 총 16획

# 가 변

아래가 안 보일 정도로 낭떠러지가 연이어 나간 가장자리를
'**가**'라고 한다는 뜻입니다.

莧(보이지 않을 면).

邊境 _ **변경** 나라의 경계가 되는 변두리의 땅.
江邊 _ **강변** 강의 가장자리에 잇닿아 있는 땅.
身邊 _ **신변** 몸과 몸의 주위.

辶 辵 부수 15획, 총 19획

---

# 걸음 보

오른쪽 발과 왼쪽 발을 번갈아 떼어놓으며 걷는
'**걸음**'이라는 뜻입니다.

긴소리로 읽음.

步行 _ **보:행** 걸어 다님.
步道 _ **보:도** 보행자의 통행에 사용하도록 된 도로.
五十步百步 _ **오:십보백보** 오십 걸음 도망친 사람이 백 걸음 도망친 사람을 보고
겁쟁이라고 비웃는다는 말. 좀 낫고 못한 차이는 있으나
큰 차이가 없음을 이르는 말.

止 부수 3획, 총 7획

---

# 지킬 보

어른이 포대기에 싼 철없는 어린애를 보호하며 '**지킨다**'는
뜻입니다.

保 ≒ 守(보수). ▶ 긴소리 또는 짧은 소리로도 읽음.

保守 _ **보:수** 새로운 것이나 변화를 반대하고 전통적인 것을 옹호하며 유지하려 함.
保安 _ **보:안** 안전을 유지함. 사회의 안녕과 질서를 유지함.
保護 _ **보:호** 위험이나 곤란 따위가 미치지 아니하도록 잘 보살펴 돌봄.

亻 人 부수 7획, 총 9획

# 갚을 보 / 알릴 보

놀랄 정도의 죄를 지은 죄인을 벌을 주어 다스려
죄값을 '**갚게**' 한다는 뜻입니다.

▶ 報 ≒ 告(보고).　▶ 부수는 土(흙 토)임.　▶ 긴소리로 읽음.
▶ 新(새 신), 親(친할 친), 報(갚을 보).

報:答 _ 보:답 남의 호의나 은혜를 갚음.
報:告 _ 보:고 일에 관한 내용이나 결과를 말이나 글로 알림.
結草報恩 _ 결초보은 죽은 뒤에라도 은혜를 잊지 않고 갚음을 이르는 말.

土 부수 9획, 총 12획

---

# 보배 보

집안의 큰 그릇에 담긴 구슬과 재물을 가리켜
'**보배**'라고 한다는 뜻입니다.

▶ 긴소리로 읽음.

寶物 _ 보:물 드물고 귀한 가치가 있는 보배로운 물건. 귀중한 가치가 있는 문화재.
　　　　국보 다음가는 중요 유형 문화재.
寶石 _ 보:석 아주 단단하고 빛깔과 광택이 아름다우며 희귀한 광물.
　　　　다이아몬드, 루비, 에메랄드, 사파이어 등이 있고, 장식품으로 많이 쓰임.
國寶 _ 국보 나라에서 지정하여 법률로 보호하는 문화재.

宀 부수 17획, 총 20획

---

# 회복할 복 / 다시 부 / 돌아올 복

갔던 길을 '**되돌아오며**' '**다시**' '**회복한다**'는 뜻입니다.

▶ 두인변(彳: 걷다, 자축거리다)과 复(복)을 합하여 만든 글자.
▶ 일자다음자임. 복·부　▶ 부활절(復活節), 광복절(光復節).
▶ 긴소리 또는 짧은 소리로도 읽음.

復習 _ 복습 배운 것을 다시 익혀 공부함.
復活 _ 부:활 쇠퇴하거나 폐지한 것이 다시 성하게 됨. 또는 그렇게 함. 십자가에 못 박혀
　　　　세상을 떠난 예수가 자신의 예언대로 사흘 만에 다시 살아난 일.
光復 _ 광복 빼앗긴 주권을 도로 찾음.

彳 부수 9획, 총 12획

## 마을 부 / 관청 부

백성들한테서 거둔 세금과 주고받은 문서를 보관하는 집인
**'마을'**의 **'관청'**이라는 뜻입니다.

➡ 엄호(广 집)와 付(줄 부 : 주다, 맡기다, 부탁하다)가 합(合)하여 이루어짐.
➡ 긴소리로 읽음.

行政府 _ **행정부** 삼권 분립에 의하여 입법부, 사법부와 구분되어 나라의 일반 행정을
　　　　　 맡아보는 국가 기관.
府院君 _ **부:원군** 조선 시대에, 왕비의 친아버지나 정일품 공신에게 주던 작호.
三府要人 _ **삼부요인** 행정부, 사법부, 입법부의 중요하고 높은 지위에 있는 사람.

广 부수 5획, 총 8획

## 며느리 부 / 지어미 부

앞치마를 두르고 비를 들고 청소하는 여자가
집안의 **'며느리'**라는 뜻입니다.

夫 ↔ 婦(부부).

婦人 _ **부인** 결혼한 여자.
婦女子 _ **부녀자** 결혼한 여자와 성숙한 여자를 통틀어 이르는 말.
夫婦有別 _ **부부유별** 오륜(五倫)의 하나. 남편과 아내 사이의 도리는 서로 침범하지
　　　　　 않음에 있음을 이른다.

女 부수 8획, 총 11획

## 버금 부

병에 가득찬 술을 나누어 제사지내는 토지신은 종묘 제사에
**'버금'**간다는 뜻입니다.

➡ 畐(가득할 복 : 여기서는 술단지의 모양을 나타냄).
➡ 副 ≒ 次(부차). ➡ 긴소리로 읽음.

副使 _ **부:사** 조선 시대, 외교 관계상 사신으로 파견된 삼사신(三使臣)의 하나.
　　　　 주로 중국, 일본과의 외교 관계로 파견된 정사(正使)를 보좌한 사신이다.
副業 _ **부:업** 본업 외에 여가를 이용하여 갖는 직업.
副賞 _ **부:상** 본상(本賞)에 딸린 상금이나 상품.

刂 刀 부수 9획, 총 11획

# 부자 부

집안에 재물이 가득차 있는 **'부자'**를 뜻합니다.

▶ 貧 ↔ 富(빈부).　▶ 긴소리로 읽음.　▶ 畐(가득할 복).

富:强 _ **부:강** 부유하고 강함.
富:者 _ **부:자** 재산이 많은 사람.
富:國强兵 _ **부:국강병** 나라를 부유하게 만들고 군대를 강하게 함.

宀 부수 9획, 총 12획

富

---

# 부처 불

사람이 할 수 없는 일을 도와주는 **'부처'**를 뜻합니다.

▶ 佛 ≒ 寺(불사).

佛教 _ **불교** 인도의 석가모니가 창시한 후 동양 여러 나라에 전파된 종교. 이 세상의
　　　　고통과 번뇌를 벗어나 해탈하여 부처가 되는 것을 궁극적인 이상으로 삼는다
佛經 _ **불경** 불교의 교리를 밝혀 놓은 전적(典籍)을 통틀어 이르는 말.
成佛 _ **성불** 세상의 모든 번뇌를 끊고 해탈하여 불과(佛果)를 얻음.
　　　　곧 부처가 되는 일을 이르는 말.

亻 人 부수 5획, 총 7획

佛

---

# 아닐 비

새의 두 날개가 각기 다른 방향으로 퍼져서 움직이지만
나는데 지장을 주는 것은 **'아니다'**는 뜻입니다.

▶ 부수는 非(아닐 비)임.　▶ 긴소리로 읽음.

非:理 _ **비:리** 올바른 이치나 도리에서 어그러짐.
非:命 _ **비:명** 제 목숨대로 다 살지 못함.
非:常口 _ **비:상구** 화재나 지진 따위의 갑작스러운 사고가 일어날 때에 급히 대피할 수
　　　　있도록 특별히 마련한 출입구.

非 부수 0획, 총 8획

非

# 슬플 비

마음이 조화를 이루지 않으니 '**슬프다**'는 뜻입니다.

긴소리로 읽음.

悲觀 _ **비:관** 인생을 어둡게만 보아 슬퍼하거나 절망스럽게 여김.
悲報 _ **비:보** 슬픈 기별이나 소식.
悲運 _ **비:운** 순조롭지 못하거나 슬픈 운수나 운명.

心 부수 8획, 총 12획

# 날 비

새가 목털을 떨치고 두 날개를 펼쳐서 공중을 '**날**'고 있는
모양을 본뜬 것입니다.

부수는 飛(날 비)임.

飛行 _ **비행** 공중으로 날아가거나 날아다님.
飛上 _ **비상** 높이 날아오름.
飛火 _ **비화** 뛰어 박히는 불똥. 어떤 일의 영향(影響)이 다른 데까지 번짐.

飛 부수 0획, 총 9획

# 갖출 비

사람들이 함께 쓸 것을 '**갖춘다**'는 뜻입니다.

具 ≒ 備(구비).  ▶ 긴소리로 읽음.

備品 _ **비:품** 업무에 일상적으로 필요하여 늘 갖추어 두고 쓰는 물품.
備蓄 _ **비:축** 만약의 경우를 대비하여 미리 갖추어 모아 두거나 저축함.
具備 _ **구비** 있어야 할 것을 빠짐없이 다 갖춤.

亻 人 부수 10획, 총 12획

# 가난할 **빈**

재물을 자꾸 나눠버리면 **'가난하다'**는 뜻입니다.

▶ 貧 ↔ 富(빈부).

貧富 _ 빈부 가난함과 부유함을 아울러 이르는 말.
貧弱 _ 빈약 가난하고 힘이 없음. 형태나 내용이 충실하지 못하고 보잘것없음.
淸貧 _ 청빈 성품이 깨끗하고 재물에 대한 욕심이 없어 가난함.

貝 부수 4획, 총 11획

---

# 절 **사**

원래 일정한 규칙에 의해 일해가는 관청을 뜻합니다.
중국에서 불교를 포교할 때 관청 건물을 빌어 **'절'**로 썼음을
나타낸 것입니다.

▶ 佛 ≒ 寺(불사).

寺院 _ 사원 승려가 불상을 모셔 놓고 불도(佛道)를 수행하여 교법을 펴는 장소.
山寺 _ 산사 산속에 있는 절.
大興寺 _ 대흥사 전라남도 해남군 삼산면 두륜산에 있는 신라 말기에 창건된 절.
　　　　　　　 임진왜란 때 서산 대사가 승병을 일으킨 곳으로 유명.

寸 부수 3획, 총 6획

---

# 집 **사** / 놓을 **사**

지붕·기둥·벽 등의 모양을 갖춘 **'집'**이라는 뜻입니다.

▶ 舍 ≒ 宅(사택).　▶ 舍 ≒ 屋(사옥).

舍宅 _ 사택 기업체나 기관에서 일하는 직원을 위하여 그 기업체나 기관에서 지은 살림
舍監 _ 사감 기숙사에서 기숙생들의 생활을 지도하고 감독하는 사람.
官舍 _ 관사 공무원에게 거처로 빌려주기 위하여 국가 기관에서 마련한 집.

舌 부수 2획, 총 8획

## 스승 **사** / 군대 **사**

많이 모여 둘러선 제자들을 가르치는 '**스승**'을 뜻합니다.

師 ↔ 弟(사제).

· · · · · · · · · · · · · · · · · · · · · · · · · · · · · · · · · · · · · · · ·

弟 _ **사제** 스승과 제자를 아울러 이르는 말.

師 _ 教 **교:사** 일정한 자격을 가지고 학생을 가르치는 사람.
　　　　주로 유치원 및 초·중·고등학교의 선생.

師 _ **의사** 의술과 약으로 병을 치료·진찰하는 것을 직업으로 삼는 사람.

巾 부수 7획, 총 10획

## 사례할 **사**

활을 쏘듯이 분명한 의사를 밝히는 것으로
'**사례한다**'는 뜻입니다.

긴소리로 읽음.

· · · · · · · · · · · · · · · · · · · · · · · · · · · · · · · · · · · · · · · ·

過 _ **사:과** 자기의 잘못을 인정하고 용서를 빎.

意 _ **사:의** 어떤 대상이나 일에 대하여 감사하게 여기는 마음.
　　　　잘못에 대하여 사죄하는 마음.

謝 _ **감사** 고맙게 여김. 또는 그런 마음.

言 부수 10획, 총 17획

## 죽일 **살** / 감할 **쇄** / 빠를 **쇄**

나무를 베어 넘기듯이 몽둥이질로
산 것을 때려 '**죽인다**'는 뜻입니다.

일자다음자임. 살 · 쇄
긴소리 또는 짧은 소리로도 읽음.

· · · · · · · · · · · · · · · · · · · · · · · · · · · · · · · · · · · · · · · ·

氣 _ **살:기** 남을 해치거나 죽이려는 무시무시한 기운.

到 _ **쇄:도** 전화, 주문 따위가 한꺼번에 세차게 몰려듦.

生 _ **살생** 사람이나 짐승 따위의 생물을 죽임.

殳 부수 7획, 총 11획

## 상 상

집 안에 있는 나무로 만든 널찍한 '상'이라는 뜻입니다.

广 부수 4획, 총 7획

獨床 _ 독상 혼자서 먹도록 차린 음식상.
病床 _ 병:상 병든 사람이 눕는 침상.
溫床 _ 온상 어떤 현상이나 사상 따위를 발생·조장하기에 적합한 토대·환경을
　　　　　　비유적으로 이르는 말. 보온 설비를 갖추고 인공적으로 따뜻한 열을 가하
　　　　　　식물을 재배하는 시설.

## 형상 상 / 문서 장

널빤지로 된 대문 옆에 개가 서있는 '형상'을
나타낸 것입니다.

犬 부수 4획, 총 8획

▶ 일자다음자임. 상·장　▶ 부수는 犬(개 견)임.
▶ 긴소리 또는 짧은 소리로도 읽음.

狀態 _ 상태 사물·현상이 놓여 있는 모양이나 형편.
現狀 _ 현:상 사물이나 어떤 작용이 드러나는 바깥 모양새.
賞狀 _ 상장 상을 주는 뜻을 표하여 주는 증서.

## 생각 상

서로가 마음 속에 두고 '생각한다'는 뜻입니다.

心 부수 9획, 총 13획

▶ 思 ≒ 想(사상).　▶ 想 ≒ 念(상념).　▶ 긴소리로 읽음.

想念 _ 상:념 마음속에 품고 있는 여러 가지 생각.
假想 _ 가:상 사실이 아니거나 사실 여부가 분명하지 않은 것을 사실이라고 가정하여
　　　　　　생각함.
思想 _ 사:상 어떠한 사물에 대하여 가지고 있는 구체적인 사고나 생각.

## 떳떳할 상

사람이 고상하게 옷을 입음은
예법에 맞고 **'떳떳하다'**는 뜻입니다.

班 ↔ 常(반상). ▶ 부수는 巾(수건 건)임.

常備 _ **상비** 필요할 때에 쓸 수 있게 늘 갖추어 둠.
常用 _ **상용** 일상적으로 씀.
常識 _ **상식** 사람들이 보통 알고 있거나 알아야 하는 지식.

巾 부수 8획, 총 11획

## 베풀 설

작업을 하도록 말로 뒷받침해 주는 것으로
일을 **'베푼다'**는 뜻입니다.

施 ≒ 設(시설). ▶ 說(말씀 설), 設(베풀 설).

設立 _ **설립** 기관이나 조직체 따위를 만들어 일으킴.
設定 _ **설정** 새로 만들어 정해 둠.
建設 _ **건설** 건물, 설비, 시설 따위를 새로 만들어 세움.

言 부수 4획, 총 11획

## 재 성 / 성곽 성

국토를 방위하려고 흙으로 쌓아 **'성곽'**을 이룬 **'재'**라는
뜻입니다.

成(이룰 성), 盛(성할 성), 誠(정성 성), 城(재 성).

城壁 _ **성벽** 성곽의 담벼락.
萬里長城 _ **만:리장성** 중국 전국 시대 조나라, 연나라 등이 변경 방위를 목적으로 쌓은
성벽을 진나라의 시황제가 흉노의 침략에 대비하여 크게
증축하고 이 이름으로 불렀다.

土 부수 7획, 총 10획

## 성할 성

제사 지낼 때 음식을 그릇에 여러 겹을 이루어 쌓으니 **'성하다'**는 뜻입니다.

▶ 긴소리로 읽음.

盛:大 _ **성:대** 행사의 규모 따위가 풍성하고 크다. 넉넉하고 많음. 또는 그런 느낌.
豊盛 _ **풍성** 넉넉하고 많음. 또는 그런 느낌.
全盛期 _ **전성기** 형세나 세력 따위가 한창 왕성한 시기.

皿 부수 7획, 총 12획

## 정성 성

말한 바를 이루도록 공을 들여 **'정성'**을 다한다는 뜻입니다.

▶ 精 ≒ 誠(정성).

誠實 _ **성실** 정성스럽고 참됨.
熱誠 _ **열성** 열렬한 정성.
誠心誠意 _ **성심성의** 성실하고 정성스러운 마음과 뜻.

言 부수 7획, 총 14획

## 별 성

해처럼 빛을 내는 **'별'**을 뜻합니다.

▶ 부수는 日(해 일)임.

行星 _ **행성** 중심 별의 강한 인력의 영향으로 타원 궤도를 그리며 주위를 도는 천체.
金星 _ **금성** 태양계의 두 번째 행성으로 태양과 달 다음으로 가장 밝은 천체.
北極星 _ **북극성** 작은곰자리에서 가장 밝은 별. 방위나 위도의 지침이 된다.

日 부수 5획, 총 9획

## 성인 성

어떤 것이나 들으면 잘 통하며 사리에 참되고 공평하여
덕이 드러나는 사람이 **'성인'**이라는 뜻입니다.

부수는 耳(귀 이)임. ▶ 긴소리로 읽음.

聖經 _ **성:경** 기독교의 경전. 신약과 구약으로 되어 있다.

聖地 _ **성:지** 종교의 발상지이거나 종교적인 유적이 남아 있는 곳.

聖人 _ **성:인** 지혜와 덕이 매우 뛰어나 길이 우러러 본받을 만한 사람.
　　　　　　교회에서 일정한 의식에 의하여 성덕이 뛰어난 사람으로 선포한 사람.

耳 부수 7획, 총 13획

## 소리 성

악기를 채로 칠 때 들리는 **'소리'**라는 뜻입니다.

音 ≒ 聲(음성).

聲樂 _ **성악** 사람의 음성으로 하는 음악.

變聲 _ **변:성** 목소리가 변함.

聲明書 _ **성명서** 정치적·사회적 단체나 그 책임자가 일정한 사항에 대한 방침이나
　　　　　　견해를 공표하는 글이나 문서.

耳 부수 11획, 총 17획

## 가늘 세

누에가 토해낸 실이 **'가늘다'**는 뜻입니다.

긴소리로 읽음.

細工 _ **세:공** 잔손질을 많이 들여 하는 정밀한 수공(手工).

細密 _ **세:밀** 자세하고 꼼꼼하다.

細分 _ **세:분** 사물을 여러 갈래로 자세히 나누거나 잘게 가름.

糸 부수 5획, 총 11획

## 세금 세

기쁨으로 수확한 곡식의 일부를 나라에 '세금'으로
낸다는 뜻입니다.

▶ 긴소리로 읽음.

税金 _ 세:금 국가나 지방 단체가 필요한 경비를 충당하기 위해서 국민으로부터
　　　　거두어들이는 돈.
關税 _ 관세 수출·수입되거나 통과되는 화물에 대하여 부과되는 세금.
税務士 _ 세:무사 납세 의무자의 부탁을 받아 세금 업무에 관한 일을 대신 처리하여
　　　　주거나 상담하는 일을 직업으로 하는 사람.

禾 부수 7획, 총 12획

## 형세 세

심어 가꾸는 초목이 힘차게 자라는 '형세'를
나타낸 것입니다.

▶ 긴소리로 읽음.

勢力 _ 세:력 권력이나 기세의 힘. 어떤 속성이나 힘을 가진 집단.
勢道 _ 세:도 정치상의 권세. 또는 그 권세를 마구 휘두르는 일.
得勢 _ 득세 세력을 얻음. 형세가 좋게 됨. 또는 유리해진 형세.

力 부수 11획, 총 13획

## 본디 소 / 흴 소

빨랫줄에 드리운 명주실이 '본디' '희다'는 뜻입니다.

▶ 素 ≒ 朴(소박).　▶ 긴소리 또는 짧은 소리로도 읽음.

素朴 _ 소:박 꾸밈이나 거짓이 없고 수수하다.
素材 _ 소재 어떤 것을 만드는 데 바탕이 되는 재료. 글의 내용이 되는 재료.
平素 _ 평소 특별한 일이 없는 보통 때.

糸 부수 4획, 총 10획

## 웃음 소

대나무가 바람에 휘어져 굽듯이 사람이 몸을 굽히며
**'웃음'**짓는다는 뜻입니다.

긴소리로 읽음.

笑 _ 담소 웃고 즐기면서 이야기함. 또는 그런 이야기.
:笑 _ 냉:소 무관심하거나 쌀쌀한 태도로 비웃음. 또는 그런 웃음.
門萬福來 _ 소:문만복래 웃으면 복이 온다는 뜻. 건강한 웃음의 의미를 강조하는 말.

竹 부수 4획, 총 10획

## 쓸 소

손에 비를 들고 땅바닥을 **'쓴다'**는 뜻입니다.

婦(며느리 부), 掃(쓸 소). ▶ 긴소리 또는 짧은 소리로도 읽음.

除 _ 소:제 청소. 더럽거나 어지러운 것을 쓸고 닦아서 깨끗하게 함.
掃 _ 일소 모조리 쓸어버림. 죄다 없애 버림.
蕩 _ 소탕 휩쓸어 모조리 없애 버림.

扌 手 부수 8획, 총 11획

## 풍속 속 / 속될 속

사람들이 한 골짜기에 살면서 같은 **'풍속'**을 공유한다는
뜻입니다.

浴(목욕할 욕), 俗(풍속 속).

談 _ 속담 오랜 세월을 거쳐 얻은 경험과 교훈이나 어떠한 가치에 대한 견해를,
　　　간결하고도 형상적인 언어 형식으로 표현한 말.
說 _ 속설 세간에 전하여 내려오는 설이나 견해.
俗 _ 민속 민간 생활과 결부된 신앙, 습관, 풍속, 전설, 기술, 전승 문화 따위를
　　　통틀어 이르는 말.

亻 人 부수 7획, 총 9획

# 이을 속

물건을 사고팖처럼 실이 계속 '**이어**'진다는 뜻입니다.

▶ 斷 ↔ 續(단속). ▶ 繼 ≒ 續(계속). 連 ≒ 續(연속).

續報 _ **속보** 새로 들어온 사실을 빨리 알림.
續行 _ **속행** 계속하여 행함.
相續 _ **상속** 일정한 친족 관계가 있는 사람 사이에서, 한 사람의 사망으로
　　　　다른 사람이 재산에 관한 권리와 의무의 일체를 이어받는 일.

糸 부수 15획, 총 21획

# 보낼 송

떠나는 사람을 웃으며 '**보낸다**'는 뜻입니다.

▶ 送 ↔ 迎(송영). ▶ 긴소리로 읽음.

送金 _ **송:금** 돈을 부쳐 보냄. 또는 그 돈.
送別 _ **송:별** 떠나는 사람을 이별하여 보냄.
送舊迎新 _ **송:구영신** 묵은해를 보내고 새해를 맞음.

辶 辵 부수 6획, 총 10획

# 지킬 수

관청에서 관리가 법도에 따라
나라와 백성을 '**지킨다**'는 뜻입니다.

▶ 攻 ↔ 守(공수).

守備 _ **수비** 외부의 침략이나 공격을 막아 지킴.
守衛 _ **수위** 지키어 호위함. 관청, 학교, 공장, 회사 따위의 경비를 맡아봄.
　　　　또는 그런 일을 맡은 사람.
守護神 _ **수호신** 국가, 민족, 개인 등을 지키고 보호하여 주는 신.

宀 부수 3획, 총 6획

## 거둘 수

이삭에 얽힌 낱알을 쳐서 그 열매를 '거둔다'는
뜻입니다.

등글월문(攵=攴)은 일을 하다, 회초리로 친다는 의미.
收 ↔ 攴(수지).  ▶ 收 ≒ 拾(수습).

收金 _ **수금** 받을 돈을 거두어들임. 또는 그런 돈.
收集 _ **수집** 거두어 모음.
收入 _ **수입** 개인, 국가, 단체 따위가 합법적으로 얻어 들이는 일정액의 금액.

攵 攴 부수 2획, 총 6획

## 받을 수

위에서 주는 술잔을 아래에서 '**받는다**'는 뜻입니다.

授 ↔ 受(수수).  ▶ 긴소리 또는 짧은 소리로도 읽음.

受講 _ **수강** 강의나 강습을 받음.
受賞 _ **수상** 상을 받음.
領受 _ **영수** 상업적 거래에서 돈이나 물건 등을 정식으로 받음.

又 부수 6획, 총 8획

## 줄 수

손으로 건네 받을 수 있도록 '**준다**'는 뜻입니다.

授 ↔ 與(수여), 授 ↔ 受(수수).

授業 _ **수업** 교사가 학생에게 지식이나 기능을 가르쳐 줌.
授受 _ **수수** 무상(無償)으로 금품을 받음. 또는 그런 일.
敎授 _ **교:수** 학문이나 기예(技藝)를 가르침. 대학에서, 전문 학술을 가르치고 연구하는
사람.

扌 手 부수 8획, 총 11획

## 닦을 수

멀리 흐르는 깨끗한 물에 머리카락을 담궈 먼지와 때를
'**닦는다**'는 뜻입니다.

イ 人 부수 8획, 총 10획

**修身** _ **수신** 마음을 착하게 하고 생활을 바르게 하기 위해 마음과 몸을 닦음.
**修養** _ **수양** 몸과 마음을 갈고닦아 품성이나 지식, 도덕 따위를 높은 경지로 끌어올림.
**修學** _ **수학** 학문을 닦음.

## 순수할 순

포기에서 돋아난 어린 새싹처럼
생실은 잡것이 섞이지 않아 '**순수하다**'는 뜻입니다.

▶ 純 ≒ 潔(순결).

糸 부수 4획, 총 10획

**純度** _ **순도** 어떤 물질 가운데에서 주성분인 순물질이 차지하는 비율.
**純金** _ **순금** 다른 금속이 섞이지 아니한 순수한 금.
**純種** _ **순종** 다른 계통과 섞이지 아니한 유전적으로 순수한 계통 혹은 품종.

## 이을 승

임금이 주는 부절을
두 손으로 받들어 명령을 '**이어**' 받든다는 뜻입니다.

▶ 承 ≒ 繼(승계).

手 부수 4획, 총 8획

**承服** _ **승복** 납득하여 따름.
**傳承** _ **전승** 문화, 풍속, 제도 따위를 이어받아 계승함. 또는 그것을 물려주어 잇게 현
**承政院** _ **승정원** 조선 시대에, 왕명의 출납을 맡아보던 관아.

# 볼 시

신에게 바치는 제사 상을 잘 살펴 **본다**는 뜻입니다.

▶ 見(볼 견), 視(볼 시), 觀(볼 관). ▶ 긴소리로 읽음.

視力 _ **시:력** 물체의 존재나 형상을 인식하는 눈의 능력.

視線 _ **시선** 눈이 가는 길. 또는 눈의 방향. 주의 또는 관심을 비유적으로 이르는 말.

近視 _ **근:시** 가까운 데 있는 것은 잘 보아도 먼 데 있는 것은 선명하게 보지 못하는 시력.

見 부수 5획, 총 12획

# 이 시 / 옳을 시

가장 옳고 바른 것에 맹세할 때는
바로 태양 '**이**'것에 빗댄다는 뜻입니다.

▶ 是 ↔ 非(시비). ▶ 긴소리로 읽음.

是正 _ **시:정** 잘못된 것을 바로잡음.

是認 _ **시:인** 어떤 내용이나 사실이 옳거나 그러하다고 인정함.

是是非非 _ **시:시비비** 옳고 그른 것을 여러 가지로 따져 판단함. 또는 그러한 말다툼.

日 부수 5획, 총 9획

# 베풀 시

깃발이 뱀처럼 길게 늘어선 것은
군대가 진을 '**베풀고**' 있음을 나타낸 것입니다.

▶ 施 ≒ 設(시설). ▶ 긴소리로 읽음.

施賞 _ **시:상** 상장이나 상품, 상금 따위를 줌.

施設 _ **시:설** 설비나 장치 따위를 차려놓거나 일정한 구조물을 만듦.
　　　　　또는 차려놓은 설비나 구조물.

實施 _ **실시** 실제로 시행함.

方 부수 5획, 총 9획

# 시(글) 시

일정한 법칙에 따라
간결하게 글로 나타낸 **'시'**라는 뜻입니다.

詩

言 부수 6획, 총 13획

▶ 寺(절 사), 時(때 시), 詩(시 시).

詩人 _ 시인 시를 전문적으로 짓는 사람.
詩想 _ 시상 시를 짓기 위한 착상이나 구상.
童:詩 _ 동:시 주로 어린이를 독자로 예상하고 어린이의 정서를 읊은 시.

# 시험할 시

일정한 방식으로 이것저것 물어보며 **'시험한다'**는 뜻입니다.

試

言 부수 6획, 총 13획

▶ 試 ≒ 驗(시험). ▶ 긴소리 또는 짧은 소리로도 읽음.

試食 _ 시:식 음식의 맛이나 요리 솜씨를 보려고 시험 삼아 먹어 봄.
試合 _ 시합 재주를 겨루어 이기고 짐을 다툼.
試金石 _ 시금석 귀금속의 순도를 판정하는 데 쓰는 검은색의 현무암이나 규질의 암석.
　　　　　사물의 가치나 어떤 사람의 역량을 판단하는 기준을 비유적으로
　　　　　이르는 말.

# 쉴 식

코로 숨을 내쉬며 마음을 고르게 하여 **'쉰다'**는 뜻입니다.

心 부수 6획, 총 10획

子息 _ 자식 부모가 낳은 아이를, 그 부모에 상대하여 이르는 말.
休息 _ 휴식 하던 일을 멈추고 잠깐 쉼.
安息處 _ 안식처 편안히 쉴 수 있는 곳.

# 납(원숭이) 신 / 알릴 신

번갯불이 퍼지는 모양을 인간은 하늘이
변괴를 '알린'것으로 받아들인다는 뜻입니다.
지지(地支)의 아홉 번째인 '납(원숭이)'을 표현하는 것입니다.

申 ≒ 告(신고). ▶ 田(밭 전), 甲(갑옷 갑), 由(말미암을 유), 申(납 신).

申告 _ **신고** 학교, 관청 등의 기관 또는 그 기관의 상사(上司) 등에 일정한 사실을
진술하여 보고함.

申請 _ **신청** 단체나 기관에 어떠한 일이나 물건을 알려 청구함.

申年 _ **경신년** 육십갑자(六十甲子)로 따지어 경신에 해당(該當)하는 해.

田 부수 0획, 총 5획

---

# 깊을 심

물이 깊고 '깊다'는 뜻입니다.

探(찾을 탐).

深夜 _ **심야** 깊은 밤.

深海 _ **심해** 깊은 바다. 보통 수심이 200미터 이상이 되는 곳.

深化學習 _ **심화학습** 넓은 이해와 풍부한 학습 경험을 위해 보다 깊이 있게 하는
학습.

氵 水 부수 8획, 총 11획

---

# 눈 안

일정한 한도 내에서 굴림을 그치는 눈알을 강조한
'눈'의 모습을 나타낸 것입니다.

眼 ≒ 目(안목). ▶ 긴소리로 읽음.

眼科 _ **안:과** 눈에 관계된 질환을 연구하고 치료하는 의학. 또는 병원의 그 부서.

眼目 _ **안:목** 사물의 좋고 나쁨 또는 진위(眞僞)나 가치를 분별하는 능력.

着眼 _ **착안** 어떤 문제를 해결하기 위한 실마리를 잡음.

目 부수 6획, 총 11획

# 어두울 암

소리만 밝게 들리는 '**어두울**'때를 나타낸 것입니다.

日 부수 9획, 총 13획

▶ 明 ↔ 暗(명암). ▶ 긴소리로 읽음.

暗:黑 _ **암:흑** 어둡고 캄캄함. 암담하고 비참한 상태를 비유적으로 이르는 말.
暗:記 _ **암:기** 기억할 수 있도록 외움.
明暗 _ **명암** 밝음과 어두움을 아울러 이르는 말. 사람이 처한 기쁨과 슬픔, 행복과
　　　　 불행 따위를 비유적으로 이르는 말.

# 누를(억누를) 압

땅 위에 놓고 누르고 '**누른다**'는 뜻입니다.

土 부수 14획, 총 17획

▶ 부수는 土(흙 토)임.

壓力 _ **압력** 누르거나 미는 힘. 두 물체가 접촉면을 경계로 하여 서로 그 면에
　　　　 수직으로 누르는 단위 면적에서의 힘의 단위.
壓勝 _ **압승** 압도적으로 이김.
血壓 _ **혈압** 심장에서 혈액을 밀어낼 때 혈관 내에 생기는 압력.

# 진 액 / 액체 액

생물체의 피막 속에 가려진 침침한 부분에서 나오는 즙이
'**액체**'라는 뜻입니다.

氵水 부수 8획, 총 11획

▶ 물이나 기름과 같이 유동(流動)하는 액체로 된 물질.

液體 _ **액체** 일정한 부피는 가지고 있으나 일정한 모양이 없어 용기(容器)의 모양에
　　　　 따라 자유로이 유동하고 변형하는 상태의 물질.
液化 _ **액화** 기체가 냉각되거나 압축되어 액체로 변함. 또는 그런 현상.

# 양 양

'양'의 머리·뿔·네 발·꼬리 등의 모양을 본뜬 것입니다.

羊 부수 0획, 총 6획

> 祥 (상서 상), 鮮 (고울 선/생선 선), 詳 (자세할 상), 洋 (큰 바다 양).

羊毛 _ **양모** 양의 털. 보온성과 흡습성이 강하며, 모직물의 원료가 됨.

白羊 _ **백양** 털빛이 흰 양.

山羊 _ **산양** 포유동물. 몸빛은 주로 회색이나 다갈색이고, 암수 모두 끝이 뾰족한 뿔이 있음. 동작은 매우 민첩하고 산악 지대에 삶.

# 같을 여

옛날에는 삼종지도(三從之道)에 따라
여자는 부모·남편·자식의 말을 자기 뜻으로 여겨
**'같게'** 하였다는 뜻입니다.

女 부수 3획, 총 6획

如前 _ **여전** 전과 같다.

缺如 _ **결여** 마땅히 있어야 할 것이 빠져서 없거나 모자람.

如意 _ **여의** 일이 마음먹은 대로 됨.

# 남을 여

나머지 음식도 충분히 '남았다'는 뜻입니다.

食 부수 7획, 총 16획

> 食(식 : 먹다, 음식)과 余(여 : 남다)를 합(合)한 글자.
> 余(나 여/남을 여), 除(덜 제), 途(길 도), 敍(펼 서/차례 서), 徐(천천히 할 서).

餘談 _ **여담** 이야기하는 과정에서 본 줄거리와 관계없이 흥미로 하는 딴 이야기.

餘生 _ **여생** 앞으로 남은 인생.

餘白 _ **여백** 종이 따위에, 글씨를 쓰거나 그림을 그리고 남은 빈 자리.

# 거스를 역

가서 범하니 역시 되받아쳐
서로 **'거슬린다'**는 뜻입니다.

逆

辶辵 부수 6획, 총 10획

▶ 順 ↔ 逆(순역).

逆境 _ 역경 일이 순조롭지 않아 매우 어렵게 된 처지나 환경.
逆說 _ 역설 어떤 주의나 주장에 반대되는 이론이나 말. 겉으로 보기에는 명백히
　　　　모순되고 부조리하지만, 그 속에 진실을 담고 있는 표현.
反:逆 _ 반:역 현재의 통치자나 통치 세력으로부터 통치권을 빼앗으려 꾀함.

# 갈 연

돌을 평평하게 **'갈'**아낸다는 뜻입니다.

研

石 부수 6획, 총 11획

▶ 研 ≒ 究(연구).　▶ 긴소리로 읽음.　▶ 幵(평평할 견).

研:修 _ 연:수 학문 따위를 연구하고 닦음.
研:究生 _ 연:구생 정규 대학을 마치고 학위를 얻기 위하여 연구 기관에 머물러
　　　　　　좀 더 연구하는 학생.
研:究所 _ 연:구소 연구를 전문으로 하는 기관.

# 연기 연

흙으로 주위를 막은 아궁이에서 불을 땔 때
나는 **'연기'**를 나타낸 것입니다.

煙

火 부수 9획, 총 13획

▶ 垔(막을 인).

煙氣 _ 연기 무엇이 불에 탈 때에 생겨나는 흐릿한 기체나 기운.
煙草 _ 연초 가짓과에 속한 한해살이풀. 잎은 니코틴을 함유, 건조시켜 담배를 만듦.
禁:煙 _ 금:연 담배를 피우던 사람이 의식적으로 피우지 않음. 담배를 피우는 것을 금함

# 펼(펼칠) 연

물이 사방으로 흘러 퍼지듯 동방의 아침 햇살도
널리 '**펼**'친다는 뜻입니다.

→ 긴소리로 읽음.

演說 _ **연:설** 여러 사람 앞에서 자기의 주의나 주장 또는 의견을 진술함.
演技 _ **연:기** 배우가 배역의 인물, 성격, 행동 따위를 표현해 내는 일.
主演 _ **주연** 연극, 영화에서 주인공 역을 맡아 연기하는 일. 또는 그렇게 하는 사람.

氵 水 부수 11획, 총 14획

# 영화 영

꽃이 크고 빛나는 오동나무의 모양이
'**영화**'롭게 보인다는 뜻입니다.

→ 부수는 木(나무 목)임.

榮光 _ **영광** 빛나고 아름다운 영예.
虛榮心 _ **허영심** 자신의 분수에 어울리지 않는 필요 이상의 겉치레나 외관상의
　　　　　　 화려함에 들뜬 마음.
繁榮 _ **번영** 번성하고 영화롭게 됨.

木 부수 10획, 총 14획

# 재주 예

초목을 심고 가꾸는데 필요한 기술인 '**재주**'를
나타낸 것입니다.

技 ≒ 藝(기예).　▶ 긴소리로 읽음.

藝術 _ **예:술** 감상의 대상이 되는 아름다움을 표현하려는 인간의 활동 및 그 작품.
藝能 _ **예:능** 연극, 영화, 음악, 미술 따위의 예술과 관련된 능력을 통틀어 이르는 말.
工藝 _ **공예** 본래의 기능과 미적 장식의 양면을 조화시켜 직물, 염직, 칠기, 도자기
　　　　　 따위의 일상생활에 필요한 물품을 제작하는 것을 말함.

++ 艹 부수 15획, 총 19획

# 그르칠 오

큰소리치며 장담하는 말은 사실과 달라
믿으면 '그르친다'는 뜻입니다.

▶ 正 ↔ 誤(정오), 過 ≒ 誤(과오).　▶ 긴소리로 읽음.

誤:答 _ **오:답** 잘못된 대답을 함. 또는 그 대답.
誤:算 _ **오:산** 잘못 셈함. 또는 그 셈. 추측이나 예상을 잘못함. 또는 그런 추측이나
　　　예상.
過誤 _ **과오** 부주의나 태만 따위에서 비롯된 잘못이나 허물.

言 부수 7획, 총 14획

---

# 구슬 옥

색이 빛나고 소리가 펴 드날리고
바탕이 깨끗한 아름다운 돌이 '**구슬**'이라는 뜻입니다.
세 개의 구슬을 한 줄로 꿴 모습을 나타낸 것입니다.

▶ 변형부수자는 王(구슬옥변=임금 왕)임.　▶ 玉 ↔ 石(옥석).

玉色 _ **옥색** 옥의 빛깔과 같은 흐린 초록색.
玉體 _ **옥체** 임금의 몸. 또는 남의 몸을 높여 이르는 말.
玉童子 _ **옥동자** 어린 사내아이를 귀엽게 이르는 말.

玉 부수 0획, 총 5획

---

# 갈 왕

초목의 싹이 터서 왕성히 자라가며
뻗어나'**간다**'는 뜻입니다.

▶ 住(살 주), 往(갈 왕).　▶ 來 ↔ 往(내왕), 往 ↔ 復(왕복).　▶ 긴소리로 읽음.

往:復 _ **왕:복** 갔다가 돌아옴.
往來 _ **왕:래** 가고 오고 함.
右:往左往 _ **우:왕좌왕** 이리저리 왔다 갔다 하며 일이나 나아가는 방향을
　　　　　　종잡지 못함.

彳 부수 5획, 총 8획

## 노래 요

말에 가락을 넣어
질그릇을 두들기며 부르는 '**노래**'라는 뜻입니다.

歌 ≒ 謠(가요).

· · · · · · · · · · · · · · · · · · · · · · · · · · · · · · · · · · · · · · · · · · · · · · · · ·

謠 _ **가요** 민요, 동요, 유행가 따위의 노래를 통틀어 이르는 말.

:謠 _ **동:요** 어린아이들의 감정이나 생각을 담아서 표현한 문학 장르의 하나.
　　　 또는 거기에 곡을 붙여 부르는 노래.

謠 _ **민요** 예로부터 민중 사이에 불려 오던 전통적인 노래를 통틀어 이르는 말.

言 부수 10획, 총 17획

---

## 얼굴 용 / 용납할 용

집이 골짜기 같아 많은 물건을 담을 수 있듯이
온갖 표정을 담아내는 '**얼굴**'이라는 뜻입니다.

許 ≒ 容(허용), 容 ↔ 納(용납).

· · · · · · · · · · · · · · · · · · · · · · · · · · · · · · · · · · · · · · · · · · · · · · · · ·

器 _ **용기** 물건을 담는 그릇.

量 _ **용량** 가구나 그릇 같은 데 들어갈 수 있는 분량.

:容 _ **내:용** 그릇이나 포장 따위의 안에 든 것. 말, 글, 그림, 연출 따위의 모든 표현
　　　 매체 속에 들어 있는 것.

宀 부수 7획, 총 10획

---

## 인원 원

둥근 돈을 세는 관원,
또는 돈을 받고 일하는 '**인원**'을 뜻합니다.

부수는 口(입 구)임.

· · · · · · · · · · · · · · · · · · · · · · · · · · · · · · · · · · · · · · · · · · · · · · · · ·

員 _ **사원** 회사에서 근무하는 사람.

員 _ **요원** 어떤 기관에서 또는 어떤 일을 하는 데 꼭 필요한 인원. 중요한 지위에
　　　 있는 사람.

:員 _ **정:원** 일정한 규정에 의하여 정한 인원.

口 부수 7획, 총 10획

## 둥글 원

관원이 관리하는 돈의 모습이 **'둥글다'**는 뜻입니다.

□ 부수 10획, 총 13획

▶ 方 ↔ 圓(방원).

圓滿 _ **원만** 성격이 모난 데가 없이 부드럽고 너그러움. 일의 진행이 순조로움.
圓卓 _ **원탁** 둥근 탁자.
團圓 _ **단원** 연극이나 소설 따위의 결말이나 끝.

## 지킬 위

군인이 성벽 주위를 다니며 **'지킨다'**는 뜻입니다.

行 부수 9획, 총 15획

▶ 다닐 행(行)과 巡廻(순회)하다, 둘레, 주위의 뜻을 가진 韋(위)가 합(合)하여 이루어짐.
▶ 守 ≒ 衛(수위). ▶ 부수는 行(다닐 행)임.

衛星 _ **위성** 행성의 인력에 의하여 그 둘레를 도는 천체. 지구 따위의 행성 둘레를
돌도록 로켓을 이용하여 쏘아 올린 인공의 장치(인공위성).
衛兵 _ **위병** 부대나 숙영지 따위의 경비와 순찰의 임무를 맡은 병사.
護:衛 _ **호:위** 따라다니며 곁에서 보호하고 지킴.

## 할 위

원숭이는 머리를 긁을 때
앞발톱을 손처럼 사용**'한다'**는 뜻입니다.

爫 爪 부수 8획, 총 12획

▶ 부수는 爫 = 爪(손톱 조)임.

爲民 _ **위민** 백성을 위함.
爲主 _ **위주** 으뜸으로 삼음.
人爲的 _ **인위적** 자연의 힘이 아닌 사람의 힘으로 이루어지는 것.

# 고기 육

살결이 있는 큰 덩이의 '**고기**' 모양을 본뜬 것입니다.

肉 ≒ 身(육신). ▶ 內(안 내), 肉(고기 육).

類 _ 육류 사람이 먹을 수 있는 짐승의 고기 종류.
食 _ 육식 음식으로 고기를 먹음. 동물이 다른 동물의 고기를 먹이로 하는 일.
體 _ 육체 구체적인 물체로서 사람의 몸.

肉 부수 0획, 총 6획

---

# 은혜 은

마음껏 도와줌으로 인해 입은 '**은혜**'라는 뜻입니다.

因(인할 인), 恩(은혜 은). ▶ 恩 ≒ 惠(은혜).

功 _ 은공 은혜와 공로를 아울러 이르는 말.
師 _ 은사 가르침을 받은 은혜로운 스승.
恩 _ 사:은 받은 은혜에 대하여 감사히 여겨 사례함.

心 부수 6획, 총 10획

---

# 그늘 음

언덕에 가리어 햇볕이 들지 않는 곳인
'**그늘**'을 나타낸 것입니다.

陰 ↔ 陽(음양).

陽 _ 음양 우주 만물의 상반된 성질의 두 가지 기운으로서의 음과 양을 아울러
         이르는 말.
凶 _ 음흉 겉으로는 부드러워 보이나 속으로는 엉큼하고 흉악함.
陰 _ 촌:음 매우 짧은 동안의 시간.

阝 阜 부수 8획, 총 11획

## 응할 응

매가 꿩 등을 잡아
주인의 마음에 따라 **'응한다'**는 뜻입니다.

▶ 鷹(매 응)과 心(마음심)을 합한 글자임.
▶ 應 ↔ 答(응답). ▶ 부수는 心(마음 심)임. ▶ 긴소리로 읽음.

應:答 _ 응:답 부름이나 물음에 응하여 답함.
應:試 _ 응:시 시험에 응함.
對:應 _ 대:응 어떤 일이나 사태에 맞추어 태도나 행동을 취함.

應
心 부수 13획, 총 17획

---

## 옳을 의

사람인 나대신 양을 희생시켜
제단에 올리는 것이 **'옳다'**는 뜻입니다.

▶ 나 아(我)와 양 양(羊)이 합(合)하여 이루어짐.
▶ 부수는 羊(양 양)임. ▶ 긴소리로 읽음.

義:擧 _ 의:거 정의를 위하여 개인이나 집단이 의로운 일을 도모함.
義:務 _ 의:무 사람으로서 마땅히 하여야 할 일. 곧 맡은 직분.
正:義 _ 정:의 진리에 맞는 올바른 도리.

義
羊 부수 7획, 총 13획

---

## 의논할 의

올바른 결론을 얻고자
서로 의견을 교환하며 **'의논한다'**는 뜻입니다.

▶ 議 ≒ 論(의논/의론).

議決 _ 의결 의논하여 결정함. 또는 그런 결정.
議論 _ 의논/의론 어떤 일에 대하여 서로 의견을 주고받음.
議長 _ 의장 회의를 주재하고 그 회의의 집행부를 대표하는 사람.

議
言 부수 13획, 총 20획

# 옮길 이

못자리에 있는
많은 모를 심기위해 '옮긴다'는 뜻입니다.

動 _ **이동** 움직여 옮김. 또는 움직여 자리를 바꿈.
民 _ **이민** 자기 나라를 떠나 다른 나라로 이주하는 일. 또는 그런 사람.
植 _ **이식** 살아 있는 조직이나 장기를 몸의 다른 부분이나 또는 다른 몸에 옮겨
　　　 붙이는 일. 식물 따위를 옮겨 심음.

禾 부수 6획, 총 11획

# 더할 익 / 더욱 익

그릇이 넘치는 것은
물을 '더하'기 때문이라는 뜻입니다.

부수는 皿(그릇 명)임.

益 _ **국익** 나라의 이익.
益 _ **이:익** 물질적으로나 정신적으로 보탬이 되는 것.
多益善 _ **다다익선** 많으면 많을수록 더욱더 좋다는 뜻의 고사.

皿 부수 5획, 총 10획

# 끌 인

활에 화살을 먹여
과녁을 향해 활줄을 잡아 '끈다'는 뜻입니다.

부수는 弓(활 궁)임.

受 _ **인수** 물건이나 권리를 건네받음.
用 _ **인용** 남의 말이나 글을 자신의 말이나 글 속에 끌어 씀.
下 _ **인하** 가격 따위를 낮춤.

弓 부수 1획, 총 4획

## 도장 인

무릎을 꿇고 앉아서 손으로 **'도장'**을 찍는 모습을
나타낸 것입니다.

印

ㄗ 부수 4획, 총 6획

▶ 부수는 ㄗ= 卩(병부절)임.

印章 _ **인장** 도장. 증명을 위해 문서에 찍을 목적으로 딱딱한 나무나 돌, 옥(玉), 뿔
　　　　따위에 개인이나 단체의 이름을 새긴 물건.
印度 _ **인도** 아시아 남부, 인도 반도 대부분을 차지하는 공화국.
海:印寺 _ **해:인사** 경상남도 합천군 가야면 가야산에 있는 절.

## 알 인

남의 말을 참고 들어야 비로소 **'알'**게 된다는 뜻입니다.

認

言 부수 7획, 총 14획

▶ 識(알 식), 知(알 지).　▶ 忍(참을 인), 刃(칼날 인).

認識 _ **인식** 사물을 분별하고 판단하여 앎.
認定 _ **인정** 확실히 그렇다고 여김.
誤:認 _ **오:인** 잘못 보거나 잘못 생각함.

## 막을 장

음악이나 글에 있어서 각 장이 구별되듯
언덕도 장애물이 되어 **'막는다'**는 뜻입니다.

ß 阜 부수 11획, 총 14획

障壁 _ **장벽** 장애가 되는 것이나 극복하기 어려운 것.
故:障 _ **고:장** 기구나 기계가 제대로 움직이지 못하게 되는 기능상의 장애.
保:障 _ **보:장** 어떤 일이 어려움 없이 이루어지도록 조건을 마련하여 보증·보호함.

## 장수 장 / 장차 장

널판에 고기를 벌여 놓고 법도에 맞게 거느린 부하들에게
나눠주는 **'장수'**라는 뜻입니다.

將 ↔ 兵(장병), 將 ↔ 卒(장졸). ▶ 긴소리 또는 짧은 소리로도 읽음.
부수는 寸(마디 촌)임.

將軍 _ **장군** 군의 우두머리로 군을 지휘하고 통솔하는 무관.

將兵 _ **장:병** 장교와 부사관, 사병을 통틀어 이르는 말.

將來 _ **장래** 다가올 앞날. 앞으로의 가능성이나 전망.

寸 부수 8획, 총 11획

## 낮을 저

신분이 낮은 사람이 자세를 더 **'낮춘다'**는 뜻입니다.

高 ↔ 低(고저). ▶ 긴소리로 읽음.

低俗 _ **저:속** 품위가 낮고 속됨.

低速 _ **저:속** 느린 속도.

高低 _ **고저** 높음과 낮음.

亻 人 부수 5획, 총 7획

## 대적할 적 / 원수 적

적의 근거지를 치려고 적과 **'대적한다'**는 뜻입니다.

摘(딸 적), 滴(물방울 적), 適(맞을 적).

敵軍 _ **적군** 적의 군대나 군사.

敵手 _ **적수** 재주나 힘이 서로 비슷해서 상대가 되는 사람.

對敵 _ **대:적** 적이나 어떤 세력, 힘 따위와 맞서 겨룸. 또는 그 상대.

攵 攴 부수 11획, 총 15획

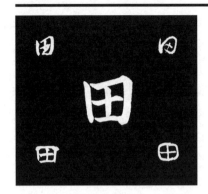

# 밭 전

농지의 경계가 방정(方正)하고
길과 도랑이 사방으로 통하도록
만들어진 **'밭'**의 모양을 본뜬 것입니다.

油田 _ 유전 석유가 나는 곳.
火:田民 _ 화:전민 산, 들에 불을 지르고 그 자리를 일궈 농사를 지어 먹고 사는 사람
田園住宅 _ 전원주택 농경지나 녹지 따위가 있어서 시골의 정취를 느낄 수 있게
교외에 지은 주택.

田 부수 0획, 총 5획

---

# 끊을 절

실의 매듭을 칼로 **'끊는다'**는 뜻입니다.

▶ 斷 ≒ 絶(단절), 斷 ≒ 切(단절).  ▶ 斷 ↔ 續(단속).

絶交 _ 절교 서로의 교제를 끊음.
絶望 _ 절망 바라볼 것이 없게 되어 모든 희망을 끊어 버림. 또는 그런 상태.
五:言絶句 _ 오:언절구 한 구가 다섯 글자씩으로 된 네 줄의 한시.

糸 부수 6획, 총 12획

---

# 이을 접

여자가 옆에 서서 손이 되어 도와주니
서로의 정을 **'잇는다'**는 뜻입니다.

▶ 손(扌=手), 서다(立), 여자(女)의 세 글자가 합하여 이루어짐.

接見 _ 접견 공식적으로 손님을 맞아들여 만나 봄.
接近 _ 접근 가까이 다가감.
接合 _ 접합 둘 이상의 것을 한데 맞붙임, 한데 맞붙게 됨.

扌 手 부수 8획, 총 11획

## 정사 정

백성을 지도편달하여
바르게 이끄는 것이 **'정사'**라는 뜻입니다.

政 ≒ 治(정치).

政 _ **국정** 나라를 다스리는 일.
權 _ **정권** 정부를 구성하여 나라를 경영할 수 있는 권력.
府 _ **정부** 입법, 사법, 행정의 삼권을 포함하는 통치 기구를 통틀어 이르는 말.

攵 攴 부수 5획, 총 9획

## 한도 정 / 길 정 / 법 정

볏단을 고르게 쌓아도 적당한 **'한도'**가 있다는
뜻입니다.

度 _ **정도** 그만큼가량의 분량.
程 _ **공정** 한 제품이 완성되기까지 거쳐야 하는 하나하나의 작업 단계.
程 _ **일정** 일정한 기간 동안 해야 할 일의 계획을 날짜별로 짜 놓은 것.

禾 부수 7획, 총 12획

## 정할(깨끗할) 정 / 정신 정 / 자세할 정

깨끗하게 쓿은 쌀이 **'정하다'**는 뜻입니다.

精 ≒ 誠(정성).

讀 _ **정독** 뜻을 새겨 가며 자세히 읽음.
神 _ **정신** 육체나 물질에 대립되는 영혼이나 마음. 마음의 자세나 태도.
誠 _ **정성** 온갖 힘을 다하려는 참되고 성실한 마음.

米 부수 8획, 총 14획

# 절제할 제

정상적이지 않게 크게 자란 나무를 칼질을 하여
웃자람을 **'절제한다'**는 뜻입니다.

▶ 부수는 刂(칼도방) = 刀(칼 도)임. ▶ 긴소리로 읽음.

制度 _ 제:도 관습이나 도덕, 법률 따위의 규범이나 사회 구조의 체계.
制定 _ 제:정 제도나 법률 따위를 만들어서 정함.
制約 _ 제:약 조건을 붙여 내용을 제한함. 또는 그 조건.

刂 刀 부수 6획, 총 8획

# 지을 제

옷감을 절제해 잘라내 옷을 **'짓는다'**는 뜻입니다.

▶ 製 ≒ 作(제작), 製 ≒ 造(제조). ▶ 긴소리로 읽음.

製圖 _ 제:도 기계, 건축물, 공작물 따위의 도면이나 도안을 그림.
製藥 _ 제:약 약재를 섞어서 약을 만듦.
製造 _ 제:조 원료를 가공 처리하여 제품을 만듦.

衣 부수 8획, 총 14획

# 덜 제

남겨진 돌을 언덕처럼 쌓아올린 섬돌을 나타낸 것입니다.
섬돌을 올라설 때마다 하나씩 **'덜'**듯 한다는 뜻입니다.

▶ 省(덜 생), 減(덜 감), 損(덜 손).

除去 _ 제거 없애 버림.
除隊 _ 제대 현역 군인이 만기 또는 그 밖의 사유로 군대 복무가 해제됨.
除外 _ 제외 따로 떼어 내어 한데 헤아리지 않음.

阝 阜 부수 7획, 총 10획

## 제사 제

제단 위에 고기를 올려 놓고 '제사' 지낸다는 뜻입니다.

► 示(시)는 제단의 모양을 나타냄.
► 尞(오를 등), 祭(제사 제). ► 긴소리로 읽음.

祭典 _ 제:전 문화, 예술, 체육 따위와 관련하여 성대히 열리는 사회적인 행사. 제사의 의식.

祭天 _ 제:천 하늘에 제사를 지냄.

祭禮 _ 제:례 제사를 지내는 예법이나 예절.

示 부수 6획, 총 11획

## 즈음(때) 제 / 가(가장자리) 제 / 사귈 제

산제사를 지내는 언덕과 언덕 사이를
'즈음'이라 한다는 뜻입니다.

► 긴소리로 읽음.

交際 _ 교제 서로 사귀어 가까이 지냄.

國際 _ 국제 여러 나라 사이에 공통적인 것이거나 두루 인정될 수 있는 것.

實際 _ 실제 있는 사실이나 현실 그대로.

阝 阜 부수 11획, 총 14획

## 끌 제 / 들 제

손으로 바르게 '끌'어준다는 뜻입니다.

提起 _ 제기 의견이나 문제를 내어놓음.

提示 _ 제시 어떠한 의사를 말이나 글로 나타내어 보임.

提案 _ 제안 어떤 의견을 안건으로 내어놓음. 또는 그 안건.

扌 手 부수 9획, 총 12획

# 건널 제 / 건질 제

물을 여럿이서 같이 **'건넌다'**는 뜻입니다.

▶ 救 ≒ 濟(구제). ▶ 긴소리로 읽음.

濟州 _ **제:주** 우리나라 가장 남쪽에 있는 도(道). 도에서 특별자치도로 승격.
救:濟 _ **구:제** 자연적 재해·사회적 피해를 당해 어려운 처지에 있는 사람을 도와줌.
經濟 _ **경제** 사람이 생활을 함에 있어서 필요로 하는 재화나 용역을 생산, 분배,
　　　　　소비하는 모든 활동.

濟

氵水 부수 14획, 총 17획

# 이를(일찍) 조

싹이 껍질에서 터나오듯이
해가 지평선에서 **'이르'**게 떠오른다는 뜻입니다.

▶ 무(이를 조), 草(풀 초). ▶ 긴소리로 읽음.

早:期 _ **조:기** 어떤 기한이 빨리 옴. 또는, 빠른 시기.
早:起 _ **조:기** 아침 일찍 일어남.
早:速 _ **조:속** 이르고도 빠르다.

早

日 부수 2획, 총 6획

# 도울 조

힘을 또 더해 **'돕는다'**는 뜻입니다.

▶ 긴소리로 읽음.

助:言 _ **조:언** 말로 거들거나 깨우쳐 주어서 도움. 또는 그 말.
助:手 _ **조:수** 어떤 책임자 밑에서 지도를 받으면서 그 일을 도와주는 사람.
共:助 _ **공:조** 어떤 사람이나 단체가 다른 사람이나 단체와 어떤 일을 이루기 위해
　　　　　서로 돕는 것.

助

力 부수 5획, 총 7획

## 지을 조

해야 할 일을 신께 나아가 알리고 **'짓는다'**는 뜻입니다.

辶 辵 부수 7획, 총 11획

→ 긴소리로 읽음.

造林 _ 조:림 나무를 심거나 씨를 뿌리거나 하는 따위의 인위적인 방법으로
　　　숲을 조성함.

造成 _ 조:성 무엇을 만들어서 이룸. 분위기나 정세 따위를 만듦.

造作 _ 조:작 일을 거짓으로 그럴듯하게 꾸며 냄.

## 새 조

꽁지가 긴 **'새'**의 모양을 본뜬 것입니다.

鳥 부수 0획, 총 11획

隹(꽁지짧은새 추), 鳥(꽁지긴새 조).

吉鳥 _ 길조 까치나 황새 등과 같이 좋은 일이 생길 것을 미리 알려 주는 새.

不死鳥 _ 불사조 영원히 죽지 않는다는 전설의 새와 같이, 어떠한 어려움이나 고난에
　　　　빠져도 굴하지 않고 이겨 내는 사람을 비유적으로 이르는 말.

## 높을 존

술병을 손으로 받쳐들고 제사상이나 윗분에게 올려
공경하고 **'높인다'**는 뜻입니다.

寸 부수 9획, 총 12획

酋(우두머리 추 : 추장, 오래된 술, 술병 등의 뜻).
尊 ≒ 重(존중).

尊敬 _ 존경 남의 인격, 사상, 행위 따위를 받들어 공경함.

尊重 _ 존중 높이어 귀중하게 대함.

至尊 _ 지존 더없이 존귀하다는 뜻으로, '임금'을 공경하여 이르는 말.

# 마루 종

조상의 혼백을 모시는 사당은
그 집안의 으뜸인 **'마루'**라는 뜻입니다.

▶ 宇(집 우), 宅(집 댁/집 택), 宗(마루 종).

**宗家 _ 종가** 한 문중에서 맏아들로만 이어 온 큰집.
**宗孫 _ 종손** 종가의 대를 이을 자손.
**宗敎 _ 종교** 신이나 초자연적인 절대자 또는 힘에 대한 믿음을 통하여 인간 생활의
고뇌를 해결하고 삶의 궁극적인 의미를 추구하는 문화 체계.

宀 부수 5획, 총 8획

# 달릴 주

다리를 많이 굽혀
앞으로 빨리 **'달려'**나간다는 뜻입니다.

**走行 _ 주행** 동력으로 움직이는 자동차나 열차 따위가 달림.
**走力 _ 주력** 중심이 되는 힘. 또는 그런 세력.
**走馬看山 _ 주마간산** 말을 타고 달리며 산천을 구경한다는 뜻으로, 자세히 살피지
아니하고 대충대충 보고 지나감을 이르는 말.

走 부수 0획, 총 7획

# 대 죽

마주서서 잎을 드리운 두 개의 **'대'**나무 모양을
본뜬 것입니다.

**竹刀 _ 죽도** 대나무로 만든 칼. 검도에 쓰는 기구.
**竹細工 _ 죽세공** 대를 재료로 하는 세공. 또는 그런 일을 직업으로 하는 사람.
**竹馬故友 _ 죽마고우** 대말을 타고 놀던 벗이라는 뜻으로, 어릴 때부터 같이 놀며
자란 벗.

竹 부수 0획, 총 6획

## 준할(법) 준 / 고를 준

새매가 먹이감을 발견하면 수면과 평평하게 나는데
일을 함에 공평에 **'준한다'**는 뜻입니다.

부수는 氵(삼수변) = 水(물 수)임.　▶ 긴소리로 읽음.

準則 _ 준:칙 준거할 기준이 되는 규칙이나 법칙.
準備 _ 준:비 미리 마련하여 갖춤.
基準 _ 기준 기본이 되는 표준.

氵 水 부수 10획, 총 13획

---

## 무리 중

핏줄이 같은 사람들의 **'무리'**라는 뜻입니다.

긴소리로 읽음.

衆生 _ 중:생 부처의 구제 대상이 되는, 깨달음을 얻지 못한 사람이나 생명을 지닌
　　　　모든 존재를 통틀어 이르는 말.
觀衆 _ 관중 운동 경기 따위를 구경하기 위하여 모인 사람들.
大衆 _ 대:중 현대 산업 사회를 구성하는 대다수의 사람.

血 부수 6획, 총 12획

---

## 더할 증

흙을 거듭 쌓아 **'더한다'**는 뜻입니다.

增 ↔ 減(증감).　▶ 增 ≒ 加(증가).

增加 _ 증가 양이나 수가 이전보다 더 늘어나거나 많아짐.
增産 _ 증산 어떤 사물의 생산을 일정한 기준이나 계획보다 늘림.
增減 _ 증감 수나 양을 늘리거나 줄임.

土 부수 12획, 총 15획

# 지탱할 지 / 지급할(줄) 지

손으로 대나무 가지를 떼어내고
장대를 만들어 **'지탱해'**주는
버팀목의 모양을 본뜬 것입니다.

▶ 收 ↔ 支(수지).　▶ 攴(칠 복), 支(지탱할 지).

支配 _ **지배** 사람이나 조직을 자기의 뜻이나 규칙대로 복종시켜 다스림.
支店 _ **지점** 땅 위의 어느 한곳. 본점의 지휘, 명령을 받으면서 일정한 지역의 일을
　　　　맡아보는 점포.
支障 _ **지장** 일하는 데 거치적거리거나 방해가 되는 장애.

支 부수 0획, 총 4획

# 이를 지

새가 날아 높은 곳으로부터 곧바로 내려와
땅에 **'이른다'**는 뜻입니다.

▶ 自 ↔ 至(자지).

至極 _ **지극** 더할 수 없이 극진하다.
至當 _ **지당** 이치에 맞고 지극히 당연함.
冬至 _ **동지** 이십사절기의 하나. 북반구에서는 일 년 중 낮이 가장 짧고 밤이 가장 길

至 부수 0획, 총 6획

# 뜻 지

마음에서 나아가고자 하는 바가 **'뜻'**이라는 뜻입니다.

▶ 意 ≒ 志(의지).

志望 _ **지망** 뜻을 두어 바람. 또는 그 뜻.
志願 _ **지원** 어떤 일이나 조직에 뜻을 두어 한 구성원이 되기를 바람.
意志 _ **의:지** 어떠한 일을 이루고자 하는 마음.

心 부수 3획, 총 7획

## 가리킬 지 / 손가락 지

손으로 뜻한 바를 '가리킨다'는 뜻입니다.

指示 _ **지시** 어떤 일을 일러서 시킴.

指定 _ **지정** 가리키어 확실하게 정함.

指向 _ **지향** 어떤 목표로 뜻이 쏠리어 향함. 또는 그 방향이나 그쪽으로 쏠리는 의지.

才 手 부수 6획, 총 9획

## 직분 직 / 벼슬 직

전해오는 말을 듣고 후세에 전하려 창칼로 그릇 등에 새겨 **'직분'**을 다한다는 뜻입니다.

識(알 식), 織(짤 직).

職分 _ **직분** 직무상의 본분. 마땅히 하여야 할 본분.

職業 _ **직업** 개인이 사회에서 생활을 영위하고 수입을 얻을 목적으로 한 가지 일에 종사하는 지속적인 사회 활동.

職員 _ **직원** 일정한 직장에 근무하는 사람을 통틀어 이르는 말.

耳 부수 12획, 총 18획

## 참 진

신선이 되어 보이지 않게 구름을 타고 하늘을 오르는 것은 도닦음이 **'참'**되었기 때문이라는 뜻을 나타낸 것입니다.

부수는 目(눈 목)임.  ▶ 眞 ↔ 假(진가).

眞實 _ **진실** 마음에 거짓이 없이 순수하고 바름.

眞假 _ **진가** 진짜와 가짜를 아울러 이르는 말.

眞價 _ **진가** 참된 값어치.

目 부수 5획, 총 10획

## 나아갈 진

새가 날아가듯 앞으로 '**나아간다**'는 뜻입니다.

▶ 進 ↔ 退(진퇴). ▶ 긴소리로 읽음.

進:步 _ **진:보** 정도나 수준이 나아지거나 높아짐.
進:路 _ **진:로** 앞으로 나아갈 길.
進:學 _ **진:학** 학교를 마친 후 더 배우기 위하여 상급 학교에 감.

辶 辵 부수 8획, 총 12획

## 버금 차

하품하는 사람은 피곤하여 정진하지 못하므로
다음 차례인 '**버금**'이라는 뜻입니다.

▶ 부수자는 欠(하품 흠)임. ▶ 副 ≒ 次(부차).

次男 _ **차남** 아들 가운데 두 번째 아들.
次例 _ **차례** 여럿을 선후(先後) 관계로 하나씩 벌인 순서. 또는 그 구분에 따라
각각에게 돌아오는 기회.
次善 _ **차선** 최선의 다음.

欠 부수 2획, 총 6획

## 살필 찰

집 안에서 제사 지낼 때
젯상을 자세히 '**살핀다**'는 뜻입니다.

▶ 省(살필 성), 檢(검사할 검), 査(조사할 사), 審(살필 심).

監察 _ **감찰** 조직의 규율과 구성원의 행동을 감독하여 살핌. 또는 그런 직책(職責).
考察 _ **고찰** 어떤 것을 깊이 생각하고 연구함.
省察 _ **성찰** 자기의 마음을 반성하고 살핌.

宀 부수 11획, 총 14획

# 비롯할 창

곳집을 지으려면 재목을 깎고 다듬는 일에서 부터
**'비롯된다'**는 뜻입니다.

선칼도방(刂=刀 : 칼, 베다, 자르다)과 창고를 뜻하는 倉(곳집 창)이 합(合)하여 이루어짐.
긴소리로 읽음.

創立 _ **창:립** 기관이나 단체 따위를 새로 만들어 세움.

創造 _ **창:조** 전에 없던 것을 처음으로 만듦. 신(神)이 우주 만물을 처음으로 만듦.

草創期 _ **초창기** 어떤 사업을 일으켜 처음으로 시작하는 시기.

刂 刀 부수 10획, 총 12획

---

# 곳(장소) 처

범도 편안하여 자주 머무르는 장소인 **'곳'**을
나타낸 것입니다.

處 ≒ 所(처소).　▶ 부수는 虍(범호엄)임.　▶ 긴소리로 읽음.

處所 _ **처:소** 사람이 기거하거나 임시로 머무는 곳.
　　　　어떤 일이 벌어지거나 어떤 물건이 있는 곳.

處理 _ **처:리** 사무나 사건 따위를 절차에 따라 정리하여 치르거나 마무리를 지음.

去處 _ **거:처** 어떤 대상이 현재 가고 있거나 앞으로 가게 될 곳.

虍 부수 5획, 총 11획

---

# 청할 청

젊은이가 어른을 찾아가
부탁의 말씀을 **'청한다'**는 뜻입니다.

情(뜻 정), 精(정할 정), 淸(맑을 청), 晴(갤 청), 靑(푸를 청), 睛(눈동자 정).

請求 _ **청구** 상대방에게 일정한 행위나 물품을 요구함.

請約 _ **청약** 일정한 내용의 계약을 체결할 것을 목적으로 하는 일방적·확정적 의사
　　　　표시.

要請 _ **요청** 필요한 어떤 일이나 행동을 청함. 또는 그런 청.

言 부수 8획, 총 15획

# 총 총

쇠도끼 구멍에 자루가 꽉 차듯이 탄환이 빠듯하게 나갈 수 있도록 만든 '총'구를 나타낸 것입니다.

金 부수 6획, 총 14획

▶ 統(거느릴 통), 充(채울 충).

**銃器 _ 총기** 소총이나 권총 따위의 무기를 통틀어 이르는 말.
**銃砲 _ 총포** 화약의 힘으로 그 속에 든 탄환을 나가게 하는 무기. 총과 대포를 아울러 이르는 말.
**長銃 _ 장총** 총신(銃身)이 긴 소총(小銃)을 이르는 말.

# 다 총

번잡한 것을 합하여 끈으로 '다' 묶는다는 뜻입니다.

糸 부수 11획, 총 17획

▶ 긴소리로 읽음.

**總長 _ 총:장** 어떤 조직체에서 사무 전체를 관리하는 최고 행정 책임 직위. 또는 그 직위에 있는 사람.
**總務 _ 총:무** 어떤 기관·단체의 전체적, 일반적인 사무. 또는 그 일을 맡아보는 사람.
**總會 _ 총:회** 구성원 전체가 모여서 어떤 일에 관하여 의논함. 또는 그런 모임.

# 모을 축

풀을 덮어 쌓은 곡식을 '모아'둔다는 뜻입니다.

++ 艸 부수 10획, 총 14획

▶ 蓄 ≒ 積(축적), 貯 ≒ 蓄(저축).

**蓄財 _ 축재** 재물이 모여 쌓임. 또는 재물을 모아 쌓음.
**貯蓄 _ 저:축** 절약하여 모아 둠. 소득 중에서 소비로 지출되지 않는 부분.
**含蓄 _ 함축** 짧은 말이나 글 따위에 많은 내용이 집약되어 있음.

## 쌓을 축

나뭇공이를 들었다 놓았다 하여 흙을 다지며 '**쌓는다**'는
뜻입니다.

貯(쌓을 저), 積(쌓을 적).

城 _ **축성** 성을 쌓아올림. 요새, 참호 따위의 방어 구조물을 통틀어 이르는 말.
造 _ **축조** 제방이나 댐을 쌓아서 만듦.
築 _ **건:축** 집이나 성, 다리 따위의 구조물을 그 목적에 따라 설계하여 여러 가지
　　　　재료를 이용하여 세우거나 쌓아 만드는 일.

竹 부수 10획, 총 16획

## 충성 충

마음속에서 우러나는 진정이 '**충성**'이라는 뜻입니다.

仲(버금 중), 中(가운데 중).　▶逆(거스릴 역).

誠 _ **충성** 국가나 임금, 윗사람 등을 위해 몸과 마음을 다함.
孝 _ **충효** 충성과 효도를 아울러 이르는 말.
告 _ **충고** 남의 결함이나 잘못을 진심으로 타이름. 또는 그런 말.

心 부수 4획, 총 8획

## 벌레 충

모든 동물들을 통틀어 옛날에는
'**벌레**'라고 했다는 뜻입니다.

蟲 = 虫(벌레 충)부수.

害 _ **충해** 해충으로 인하여 농작물이 입는 피해.
蟲 _ **식충** 식충류에 속하는 동물이 벌레를 잡아먹음. 밥만 먹고 하는 일 없이
　　　　지내는 사람을 비난조로 이르는 말.
蟲 _ **해:충** 인간의 생활에 해를 끼치는 벌레를 통틀어 이르는 말.

虫 부수 12획, 총 18획

## 가질 **취**

전쟁터에서 적군을 죽인 증거물로 귀를 '**가지고**' 왔다는 뜻입니다.

▶ 부수는 又(또 우)임.　▶ 긴소리로 읽음.

**取:得 _ 취:득** 자기 것으로 만들어 가짐.
**取:消 _ 취:소** 발표한 의사를 거두어들이거나 예정된 일을 없애 버림.
**爭取 _ 쟁취** 겨루어 싸워서 얻음.

又 부수 6획, 총 8획

## 헤아릴 **측**

원칙을 정해두고 물의 깊이를 '**헤아린다**'는 뜻입니다.

▶ 則(법칙 칙/곧 즉), 側(곁 측).

**測量 _ 측량** 기기를 써서 물건의 높이, 깊이, 넓이, 방향 따위를 잼.
**測定 _ 측정** 일정한 양을 기준으로 하여 같은 종류의 다른 양의 크기를 잼.
**計:測 _ 계:측** 시간이나 물건의 양 따위를 헤아리거나 잼.

氵水 부수 9획, 총 12획

## 다스릴 **치**

아이를 기르듯이 물을 잘 '**다스린다**'는 뜻입니다.

▶ 政 ≒ 治(정치).

**治安 _ 치안** 나라를 편안하게 다스림. 국가 사회의 안녕과 질서를 유지·보전함.
**治水 _ 치수** 물을 다스린다는 뜻으로, 강과 하천에 물길을 내고, 제방을 쌓고, 댐을 건설하는 등 홍수와 가뭄의 피해를 막고 물을 효과적으로 이용하는 일
**退:治 _ 퇴:치** 물리쳐서 아주 없애 버림.

氵水 부수 5획, 총 8획

## 둘 치

나라의 법망을 똑바로 쳐 **'둔다'**는 뜻입니다.

긴소리로 읽음.

置重 _ **치중** 어떠한 것에 특히 중점을 둠.

設置 _ **설치** 어떤 일을 하는 데 필요한 기계나 설비, 건물 따위를 마련하여 갖춤.

放置 _ **방치** 그냥 내버려둠.

罒 网 부수 8획, 총 13획

## 이 치

입이 벌어졌을 때 위아래의 입술 안에 고르게 나열된 뼈인
**'이'**의 모양을 본뜬 것입니다.

齒科 _ **치과** 이와 그 지지 조직 및 입안의 생리·병리·치료 기술 따위를 연구하는
의학. 또는 병원의 그 부서.

齒藥 _ **치약** 이를 닦는 데 쓰는 약.

蟲齒 _ **충치** 세균 따위의 영향으로 벌레가 파먹은 것처럼 이가 침식되는 질환.

齒 부수 0획, 총 15획

## 침노할 침

사람이 손에 비를 들고 점점 쓸어나가듯이 남의 것을
조금씩 먹어 들어가 **'침노한다'**는 뜻입니다.

寢(잘 침), 浸(잠길 침).

侵攻 _ **침공** 다른 나라를 침범하여 공격함.

侵入 _ **침입** 침범하여 들어가거나 들어옴.

不可侵 _ **불가침** 침범하여서는 안 됨.

亻 人 부수 7획, 총 9획

## 쾌할 쾌

마음 속으로 고민하던 일을 결단하니 '**쾌하다**'는 뜻입니다.

心 부수 4획, 총 7획

▶ 심방변(忄=心 : 마음, 심장)과 夬(결정할 결/터놓을 쾌)가 합(合)하여 이루어짐.

.........................................................................

快感 _ **쾌감** 상쾌하고 즐거운 느낌.
快樂 _ **쾌락** 감성의 만족이나 욕망의 충족에서 오는 유쾌한 감정.
明快 _ **명쾌** 말이나 글 따위의 내용이 명백하여 시원함.

## 모습 태

마음의 움직임에 따라 할 수 있는 '**모습**'이라는 뜻입니다.

心 부수 10획, 총 14획

▶ 긴소리로 읽음.

.........................................................................

態度 _ **태:도** 어떤 사물이나 상황 따위를 대하는 자세.
態勢 _ **태:세** 어떤 일이나 상황을 앞둔 태도나 자세.
事態 _ **사:태** 일이 되어 가는 형편이나 상황. 또는 벌어진 일의 상태.

## 거느릴 통

누에가 실오리로 고치를 채우듯이 한 개의 실마리로
모두 채우고 '**거느린다**'는 뜻입니다.

糸 부수 6획, 총 12획

▶ 긴소리로 읽음.

.........................................................................

統計 _ **통:계** 어떤 현상을 종합적으로 한눈에 알아보기 쉽게 일정한 체계에 따라
숫자로 나타냄.
傳統 _ **전통** 어떤 집단이나 공동체에서 과거로부터 이어 내려오는 바람직한 사상이나
관습, 행동 따위가 계통을 이루어 현재까지 전해진 것.

## 물러날 퇴

해가 서쪽 끝으로 가며 '**물러난다**'는 뜻입니다.

進 ↔ 退(진퇴).　▶ 退 ≒ 去(퇴거).　▶ 긴소리로 읽음.

退間 _ 툇:간 원래의 칸살 밖에다 딴 기둥을 세워 만든 조금 좁은 칸살.
退職 _ 퇴:직 현직에서 물러남.
退一步 _ 퇴:일보 한 걸음 물러남. 조금 염려가 되어 한 걸음 뒤로 물러앉음.

辶 辵 부수 6획, 총 10획

## 물결 파

알록달록한 가죽의 무늬처럼
물표면에 이는 '**물결**'이라는 뜻입니다.

彼(저 피), 疲(피곤할 피), 被(입을 피), 破(깨뜨릴 파), 皮(가죽 피).

波高 _ 파고 물결의 높이. 어떤 관계에서의 긴장의 정도를 비유적으로 이르는 말.
波動 _ 파동 물결의 움직임. 사회적으로 어떤 현상이 퍼져 커다란 영향을 미침.
電波 _ 전:파 도체 중의 전류가 진동함으로써 방사되는 전자기파. 특히 전기 통신에서
　　　　쓰는 것을 가리킴.

氵 水 부수 5획, 총 8획

## 깨뜨릴 파

돌에 가죽의 무늬처럼 금이 가 '**깨뜨려**'진다는
뜻입니다.

긴소리로 읽음.

破格 _ 파:격 일정한 격식을 깨뜨림. 또는 그 격식.
破産 _ 파:산 개인이나 기업이 재산을 모두 날려 버리고 망함.
打破 _ 타:파 부정적인 규정, 관습, 제도 따위를 깨뜨려 버림.

石 부수 5획, 총 10획

# 베 포 / 펼 포 / 보시 보

아비가 자식을 잘 되라고 때리듯이 천을 방망이질하여
다듬은 '베'라는 뜻입니다.

▶ 수건 건(巾 : 옷감, 천, 헝겊).
▶ 일자다음자임. 포·보 ▶ 부수는 巾(수건 건)임. ▶ 긴소리 또는 짧은 소리로도 읽음.

布:告 _ 포:고 국가의 결정 의사를 공식적으로 널리 알림.
布:施 _ 보:시 자비심으로 남에게 재물이나 불법을 베풂.
分布 _ 분포 일정한 범위에 흩어져 퍼져 있음.

巾 부수 2획, 총 5획

# 쌀(감싸다) 포

어머니의 몸속에 있는 태가 아기를 '싸'고 있다는 뜻입니다.

▶ 긴소리 또는 짧은 소리로도 읽음.

包:容 _ 포:용 남을 너그럽게 감싸 주거나 받아들임.
內:包 _ 내:포 어떤 성질이나 뜻 따위를 속에 품음.
小:包 _ 소:포 어떤 물건을 포장하여 보내는 우편.

勹 부수 3획, 총 5획

# 대포 포

돌을 싸서 쏘아대는 '대포'를 나타낸 것입니다.

▶ 긴소리로 읽음.

砲:門 _ 포:문 대포의 탄알이 나가는 구멍.
砲:兵 _ 포:병 육군에서, 포 사격을 맡아 하는 군대나 군인.
大:砲 _ 대:포 화약의 힘으로 포탄을 멀리 내쏘는 무기. 세는 단위는 문(門). 허풍이나
　　　　　　거짓말, 또는 그것을 잘하는 사람을 빗대어 이르는 말.

石 부수 5획, 총 10획

## 사나울 폭 / 모질 포

두 손으로 쌀을 내가 말리려니 햇볕이 따갑고 '**사납다**'는
뜻입니다.

일자다음자임. 폭·포

. . . . . . . . . . . . . . . . . . . . . . . . . . . . . . . . . . . . . . . . . . . . . . . . . . . . .

暴動 _ **폭동** 집단적 폭력 행위를 일으켜 사회의 안녕과 질서를 어지럽게 하는 일.

暴行 _ **폭행** 난폭한 행동.

暴惡 _ **포악** 사납고 악함.

日 부수 11획, 총 15획

## 표 표

물건의 중앙이나 가장 잘 보이는 곳에 붙여놓은 '**표**'라는
뜻입니다.

標(표할 표), 漂(떠다닐 표).

. . . . . . . . . . . . . . . . . . . . . . . . . . . . . . . . . . . . . . . . . . . . . . . . . . . . .

票決 _ **표결** 투표를 하여 결정함.

車票 _ **차표** 차를 타기 위하여 돈을 주고 사는 표.

賣票所 _ **매:표소** 차표나 입장권 따위의 표를 파는 곳.

示 부수 6획, 총 11획

## 풍년 풍

제기에 음식을 수북히 담아낼 정도로 '**풍년**'이 들었다는
뜻입니다.

豊 ↔ 凶(풍흉).

. . . . . . . . . . . . . . . . . . . . . . . . . . . . . . . . . . . . . . . . . . . . . . . . . . . . .

豊年 _ **풍년** 곡식이 잘 자라고 잘 여물어 평년보다 수확이 많은 해. 생산된 결과물의
　　　　양이나 소득 따위가 매우 많은 경우를 비유적으로 이르는 말.

豊富 _ **풍부** 넉넉하고 많음.

豊滿 _ **풍만** 풍족하여 그득함. 몸에 살이 탐스럽게 많음.

豆 부수 6획, 총 13획

## 한할 한 / 막을 한

언덕처럼 흙을 쌓아 경계의 끝을 **'한한다'**는 뜻입니다.

▶ 긴소리로 읽음.

限:界 _ **한:계** 사물이나 능력, 책임 따위가 실제 작용할 수 있는 범위.
限:定 _ **한:정** 수량이나 범위 따위를 제한하여 정함. 또는 그런 한도.
時限 _ **시한** 일정한 동안의 끝을 정한 기간이나 시각.

限
ß 阜 부수 6획, 총 9획

---

## 배 항

돛을 높이 달고 물위에 떠다니는 **'배'**라는 뜻입니다.

▶ 긴소리로 읽음.

航:空 _ **항:공** 비행기로 공중을 날아다님.
航路 _ **항:로** 선박이 지나다니는 해로(海路) 또는 항공기가 통행하는 공로(空路).
運:航 _ **운:항** 배나 비행기가 항로를 따라 다님.

航
舟 부수 4획, 총 10획

---

## 항구 항

물가에 뱃길이 형성된 **'항구'**를 뜻합니다.

▶ 긴소리로 읽음.

港:口 _ **항:구** 배가 안전하게 드나들도록 바닷가에 부두 따위를 설비한 곳.
空港 _ **공항** 항공 수송을 위하여 사용하는 공공용 비행장. 주로 민간 항공기와 같은
　　　　　정기 항공기의 이착륙에 사용.
開港 _ **개항** 새로 항구나 공항을 열어 업무를 시작함.

港
ß 水 부수 9획, 총 12획

## 풀 해

소의 두 뿔 사이를 칼로 쳐 쓰러뜨리고 몸체를 '풀'어 헤친다는 뜻입니다.

부수는 角(뿔 각)임.　▶ 긴소리로 읽음.

解決 _ 해:결 제기된 문제를 해명하거나 얽힌 일을 잘 처리함.
解法 _ 해:법 해내기 어렵거나 곤란한 일을 푸는 방법.
理解 _ 이:해 깨달아 앎. 또는 잘 알아서 받아들임.

角 부수 6획, 총 13획

## 향기 향

기장은 오곡 가운데서 냄새와 맛이 가장 '향기'롭다는 뜻입니다.

香氣 _ 향기 꽃, 향, 향수 따위에서 나는 좋은 냄새.
香水 _ 향수 액체 화장품의 하나. 알코올에 향료를 섞어 만든 향기로운 액체.
暗香 _ 암:향 그윽이 풍기는 향기. 흔히 매화의 향기를 이름.

香 부수 0획, 총 9획

## 시골 향

일터에 나와 음식을 가운데 놓고 둘러앉아 먹는 촌락이 있는 '시골'을 나타낸 것입니다.

京 ↔ 鄕(경향).

鄕土 _ 향토 자기가 태어나서 자란 땅. 시골이나 고장.
鄕約 _ 향약 권선징악과 상부상조를 목적으로 만든 향촌의 자치 규약.
　　　　　또는 그 규약에 근거한 조직체.
故鄕 _ 고향 자기가 태어나서 자란 곳.

阝 邑 부수 10획, 총 13획

# 빌 허

범을 잡으려고 파놓은 함정이 텅 **'비어'**있다는 뜻입니다.

▶ 虛 ↔ 實(허실).　▶ 空 ≒ 虛(허공).

虛空 _ 허공 텅 빈 공중.
虛實 _ 허실 참과 거짓을 아울러 이르는 말.
虛禮 _ 허례 정성이 없이 겉으로만 번드르르하게 꾸밈. 또는 그런 예절.

虛
虍 부수 6획, 총 12획

# 시험할 험

말을 여럿이 보고 좋고 나쁨을 가려보며 **'시험한다'**는 뜻입니다.

▶ 試 ≒ 驗(시험).　▶ 긴소리로 읽음.

效:驗 _ 효:험 일의 좋은 보람. 또는 어떤 작용의 결과.
試驗 _ 시험 재능이나 실력 따위를 일정한 절차에 따라 검사하고 평가하는 일.
　　　　　　사람의 됨됨이를 알기 위하여 떠보는 일.
體驗 _ 체험 자기가 몸소 겪음. 또는 그런 경험.

驗
馬 부수 13획, 총 23획

# 어질 현

굳은 의지로 돈을 벌어 잘 쓰니 **'어질다'**는 뜻입니다.

▶ 良(어질 양), 仁(어질 인).

賢明 _ 현명 어질고 슬기로워 사리에 밝음.
賢人 _ 현인 어질고 총명하여 성인(聖人)에 다음가는 사람.
聖:賢 _ 성:현 성인(聖人)과 현인(賢人)을 아울러 이르는 말.

賢
貝 부수 8획, 총 15획

# 피 혈

그릇 속에 담긴 제사 때 쓰이는 희생 짐승의 '**피**'를
나타낸 것입니다.

血氣 _ **혈기** 피의 기운이라는 뜻으로, 힘을 쓰고 활동하게 하는 원기를 이르는 말.

血稅 _ **혈세** 피와 같은 세금이라는 뜻으로, 귀중한 세금을 비유적으로 이르는 말.

血統 _ **혈통** 같은 핏줄의 계통.

血 부수 0획, 총 6획

---

# 화할 협

여러 사람이 힘을 합쳐 '**화한다**'는 뜻입니다.

協 ≒ 和(협화).

協助 _ **협조** 힘을 보태어 도움.

協定 _ **협정** 서로 의논하여 결정함.

農協 _ **농협** '농업 협동조합(생산력 증진과 경제적, 사회적 지위 향상을 위하여
농민들이 서로 협력하여 조직한 협동조합)'을 줄여 이르는 말.

十 부수 6획, 총 8획

---

# 은혜 혜

언행을 삼가고 마음을 오로지 하여 '**은혜**'를 베푼다는
뜻입니다.

恩 ≒ 惠(은혜).　▶ 긴소리로 읽음.

惠書 _ **혜:서** 상대편의 편지를 높여 이르는 말.

惠政 _ **혜:정** 자비로운 정치.

恩惠 _ **은혜** 고맙게 베풀어 주는 신세나 혜택.

心 부수 8획, 총 12획

## 집 호 / 지게문 호

실내에 설치된 한짝문인 **'지게문'**이 있는 **'집'**이라는 뜻입니다.

▶ 門 ≒ 戶(문호). ▶ 긴소리로 읽음.

戶:主 _ **호:주** 한 집안의 주장이 되는 사람. 호적법에서, 한 집안의 주인으로서 가족을 거느리며 부양하는 일에 대한 권리와 의무가 있는 사람을 이르던 말.

戶:口 _ **호:구** 호적상 집의 수효와 식구 수.

戶:數 _ **호:수** 집의 수효.

戶 부수 0획, 총 4획

---

## 부를 호

입안의 숨을 위로 내쉬며 **'부른다'**는 뜻입니다.

▶ 呼 ≒ 吸(호흡).

呼出 _ **호출** 어떤 사람을 일정한 곳까지 오도록 불러냄.

呼應 _ **호응** 부름에 응답한다는 뜻으로, 부름이나 호소 따위에 대답하거나 응함.

呼兄呼弟 _ **호형호제** 서로 형이니 아우니 하고 부른다는 뜻으로, 매우 가까운 친구로 지냄을 이르는 말.

口 부수 5획, 총 8획

---

## 좋을 호

엄마가 아이를 안고 있으니 서로 편하고 **'좋다'**는 뜻입니다.

▶ 好 ↔ 惡(호오). ▶ 긴소리로 읽음. ▶ 부수는 女(계집 녀)임.

好:感 _ **호:감** 좋게 여기는 감정.

好:意 _ **호:의** 친절한 마음씨. 또는 좋게 생각하여 주는 마음.

愛好 _ **애:호** 사랑하고 좋아함.

女 부수 3획, 총 6획

## 도울 호 / 지킬 호

정상을 헤아려 말로 타이르며 '**도운다**'는 뜻입니다.

긴소리로 읽음.

**護**

言 부수 14획, 총 21획

:國 _ 호:국 나라를 보호하고 지킴.
:護 _ 양:호 기르고 보호함. 학교에서 학생의 건강이나 위생에 대하여 돌보아 줌.
然保護 _ 자연보호 인류의 생활 환경으로서의 자연을 좋은 상태로 보호하는 일.

## 재물 화

돈이 되는 물건이 '**재물**'이라는 뜻입니다.

財 ≒ 貨(재화). ▶ 긴소리로 읽음.

**貨**

貝 부수 4획, 총 11획

:物 _ 화:물 운반할 수 있는 유형(有形)의 재화나 물품을 통틀어 이르는 말.
貨 _ 금화 금으로 만든 돈.
貨店 _ 백화점 여러 가지 상품을 부문별로 나누어 진열·판매하는 대규모의
　　　　　　현대식 종합 소매점.

## 굳을 확

지조가 높고 의지가 돌처럼 '**굳다**'는 뜻입니다.

硬(굳을 경/가로막을 경), 堅(굳을 견), 固(굳을 고).

**確**

石 부수 10획, 총 15획

固 _ 확고 태도나 상황 따위가 튼튼하고 굳음.
保 _ 확보 확실히 보증하거나 가지고 있음.
認 _ 확인 틀림없이 그러한가를 알아보거나 인정함. 또는 그런 인정.

# 돌아올 회

물건이 회전하여 원래의 위치로 **'돌아온다'**는 뜻입니다.

▶ 還(돌아올 환), 歸(돌아갈 귀), 旋(돌 선).

回答 _ 회답 물음이나 편지 따위에 반응함. 또는 그런 반응.
回復 _ 회복 원래의 상태로 돌이키거나 원래의 상태를 되찾음.
起死回生 _ 기사회생 거의 죽을 뻔하다가 도로 살아남.

□ 부수 3획, 총 6획

---

# 마실 흡

폐에까지 미치도록 숨을 들이 **'마신다'**는 뜻입니다.

▶ 呼 ≒ 吸(호흡).

吸煙 _ 흡연 담배를 피움.
吸入 _ 흡입 기체나 액체 따위를 빨아들임.
吸收 _ 흡수 외부의 물질을 안으로 빨아들임.

□ 부수 4획, 총 7획

---

# 일(성할) 흥

힘을 합하고 손을 맞잡으니 흥이 **'인다'**는 뜻입니다.

▶ 興 ↔ 亡(흥망).  ▶ 긴소리 또는 짧은 소리로도 읽음.

興亡 _ 흥망 잘되어 일어남과 못되어 없어짐.
興味 _ 흥:미 흥을 느끼는 재미.
復興 _ 부:흥 쇠퇴하였던 것이 다시 일어남. 또는 그렇게 되게 함.

臼 부수 10획, 총 16획

# 바릴 **희**

무늬와 수가 놓인 천은 흔치 않아
누구든 갖기를 **'바란다'**는 뜻입니다.

가로그을 효(爻 : 선이 교차한 모양)와 수건 건(巾 : 옷감, 천)의 합자(合字)로 무늬를 넣어
잘 짠 옷감, 천을 나타냄.
希 ≒ 望(희망), 希 ≒ 願(희원).

巾 부수 4획, 총 7획

**望 _ 희망** 앞일에 대하여 어떤 기대를 가지고 바람.

**求 _ 희구** 바라고 구함.

**炭希凉 _ 포탄희량** 숯불을 안고 서늘하기를 바란다는 뜻으로, 행동과 목적이
일치돼지 않음을 이르는 말.

한자시험
기출문제

# (사)한국어문회 전국한자능력검정시험 대비 기본 지침 자료

**응시자격** : 모든 급수에 누구나 응시가능.

**시험일정** : 1년에 4회 실시(인터넷 www.hangum.re.kr 및 주요 일간지 광고면 참조).

**원서접수** : 1. 방문접수 : 각 고사장 접수처.　　2. 인터넷접수 : www.hangum.re.kr 이용.

**합격자 발표** : 시험일 한 달 뒤, 인터넷(www.hangum.re.kr)과 ARS(060-800-1100)로 발표함.

**공인급수** : 1급·2급·3급·3급Ⅱ　**교육급수** : 4급·4급Ⅱ·5급·5급Ⅱ·6급·6급Ⅱ·7급·7급Ⅱ·8급

## (사)한국어문회 전국한자능력검정시험 급수구분 및 문제유형에 따른 급수별 출제기준

| | 8급 | 7급Ⅱ | 7급 | 6급Ⅱ | 6급 | 5급Ⅱ | 5급 | 4급Ⅱ | 4급 | 3급Ⅱ | 3급 | 2급 | 1급 |
|---|---|---|---|---|---|---|---|---|---|---|---|---|---|
| 독음(讀音) | 24 | 22 | 32 | 32 | 33 | 35 | 35 | 35 | 32 | 45 | 45 | 45 | 50 |
| 한자(漢字) 쓰기 | 0 | 0 | 0 | 10 | 20 | 20 | 20 | 20 | 20 | 30 | 30 | 30 | 40 |
| 훈음(訓音) | 24 | 30 | 30 | 29 | 22 | 23 | 23 | 22 | 22 | 27 | 27 | 27 | 32 |
| 완성형(完成型) | 0 | 2 | 2 | 2 | 3 | 4 | 4 | 5 | 5 | 10 | 10 | 10 | 15 |
| 반의어(反義語) | 0 | 2 | 2 | 2 | 3 | 3 | 3 | 3 | 3 | 10 | 10 | 10 | 10 |
| 뜻풀이 | 0 | 2 | 2 | 2 | 2 | 3 | 3 | 3 | 3 | 5 | 5 | 5 | 10 |
| 동음이의어(同音異義語) | 0 | 0 | 0 | 0 | 2 | 3 | 3 | 3 | 3 | 5 | 5 | 5 | 10 |
| 부수(部首) | 0 | 0 | 0 | 0 | 0 | 0 | 0 | 0 | 3 | 5 | 5 | 5 | 10 |
| 동의어(同義語) | 0 | 0 | 0 | 0 | 2 | 3 | 3 | 3 | 3 | 5 | 5 | 5 | 10 |
| 장단음(長短音) | 0 | 0 | 0 | 0 | 0 | 0 | 0 | 0 | 3 | 5 | 5 | 5 | 10 |
| 약자(略字)·속자(俗字) | 0 | 0 | 0 | 0 | 0 | 3 | 3 | 3 | 3 | 3 | 3 | 3 | 3 |
| 필순(筆順) | 2 | 2 | 2 | 3 | 3 | 3 | 3 | 0 | 0 | 0 | 0 | 0 | 0 |
| 읽기 배정한자 | 50 | 100 | 150 | 225 | 300 | 400 | 500 | 750 | 1,000 | 1,500 | 1,817 | 2,355 | 3,50 |
| 쓰기 배정한자 | - | - | 50 | 150 | 225 | 300 | 400 | 500 | 750 | 1,000 | 1,817 | 2,00 | |
| 출제문항(개) | 50 | 60 | 70 | 80 | 90 | 100 | 100 | 100 | 100 | 150 | 150 | 150 | 200 |
| 합격문항(개) | 35 | 42 | 49 | 56 | 63 | 70 | 70 | 70 | 70 | 105 | 105 | 105 | 160 |
| 시험시간(분) | 50 | 50 | 50 | 50 | 50 | 50 | 50 | 50 | 50 | 60 | 60 | 60 | 90 |

▶ 위 출제기준표는 기본지침자료이며, 출제자의 의도에 따라 차이가 있을 수 있습니다.

▶상위급수 한자는 모두 하위급수 한자를 포함하며 쓰기 배정한자는, 바로 아래 급수의 읽기 배정한자이거나 그 범위 내에 있습니다.

※ 본 책은 (사)한국어문회의 급수구분을 기준 했으나 기출문제는 (사)한자교육진흥회 기출문제도 수록 하였으니 참고 하시기 마랍니다.

(社)韓國語文會 주관 · 韓國漢字能力檢定會 시행 第62回 全國漢字能力檢定試驗 **4級Ⅱ** 問題紙

 **4級Ⅱ**

*** 4級과 4級Ⅱ는 상이한 급수이므로 반드시 지원 급수를 **재확인**하시오. ***
100 문항 / 50분 시험 / 시험일자 : 2013. 08. 24.
★ 성명과 수험번호를 쓰고 문제지와 답안지는 함께 제출하시오.

성명( ), 수험번호 □□□-□□-□□□□

[問 1-20] 다음 글에서 밑줄 친 單語 중 한글로 기록된 것은 漢字[正字]로 바꾸고, 漢字로 기록된 것은 그 讀音을 쓰시오.

○ [1]인간이 [2]동물의 [3]수장이 될
人間       動物      首長
수 있었던 것은 [4]직립
                 直立
때문이었다. 똑바로 섬으로써 손을
자유롭게 [5]사용할 수 있었고,
         使用
이에 따라 [6]도구를 만들어서
         道具
맹수와 [7]對敵할 수 있었다.
        대적

○ 풍경화란 [8]寫眞 같아도
            사진
[9]興味가 없어지고, 너무
   흥미
상상해서 그려도 [10]현실에서
                現實
벗어난다. 겸재 정선은 이러한

[11]極端에서 벗어나, 한국
   극단
[12]산천의 뼈대와 [13]精氣를
   山川            정기
[14]집약한 [15]작품들을
   集約      作品
[16]完成해 내었다는 점에서
   완성
[17]세상의 [18]주목을 받기에
   世上      注目
[19]충분한 [20]화가이다.
   充分      畫(畵)家

[問 21-45] 밑줄 친 漢字語의 讀音을 쓰시오.

[21] 擔任 선생님.
     담임

[22] 꽃이 滿開하였다.
         만개

[23] 그는 破産 선고를 받았다.
        파산

[24] 멀리서 銃聲이 들렸다.
         총성

[25] 悲報를 들었다.
     비보

[26] 貯蓄 장려.
     저축

[27] 票決로 건의가 통과되었다.
     표결

[28] 節電 운동.
     절전

[29] 운영 經費를 절감하시오.
        경비

[30] 謝恩 행사.
     사은

[31] 고무나무 樹液으로 공을
              수액
만들다.

[32] 눈병으로 眼帶를 했다.
            안대

[33] 統計 수치가 잘못되었다.
     통계

[34] 絶壁에 서다.
     절벽

[35] 業務에 충실하였다.
     업무

[36] 宗孫 노릇이 쉽지는 않다.
     종손

[37] 결정을 <u>保留</u>하였다.
보류

[38] 그는 해군 <u>提督</u>이 되었다.
제독

[39] <u>權益</u> 보호.
권익

[40] <u>面接</u>과 실기를 중시한다.
면접

[41] 남향은 <u>暖房</u>에 유리하다.
난방

[42] 부적절한 <u>關係</u>.
관계

[43] <u>餘波</u>에 시달렸다.
여파

[44] <u>檢察</u> 당국에서 조사하였다.
검찰

[45] 죄수를 <u>監禁</u>하였다.
감금

[問 46-67] 다음 漢字의 訓과 音을 쓰시오.

[46] 布 베/펼 **포**

[47] 斗 말 **두**

[48] 牧 칠 **목**

[49] 掃 쓸 **소**

[50] 次 버금 **차**

[51] 呼 부를 **호**

[52] 取 가질 **취**

[53] 態 모습 **태**

[54] 退 물러날 **퇴**

[55] 包 쌀 **포**

[56] 努 힘쓸 **노**

[57] 解 풀 **해**

[58] 虛 빌 **허**

[59] 總 다 **총**

[60] 回 돌아올 **회**

[61] 吸 마실 **흡**

[62] 兩 두 **량**

[63] 麗 고울 **려**

[64] 脈 줄기 **맥**

[65] 博 넓을 **박**

[66] 訪 찾을 **방**

[67] 常 떳떳할 **상**

[問 68-77] 밑줄 친 單語를 漢字[正字]로 쓰시오.

[68] <u>기념</u>할 만한 일이다.
記念

[69] <u>행복</u>한 사람들.
幸福

[70] 그는 민족<u>사관</u>이 투철하다.
史觀

[71] 구조가 <u>독특</u>하다.
獨特

[72] <u>교양</u> 교육.
敎養

[73] 성격이 <u>변질</u>되었다.
變質

[74] 음주 <u>단속</u>을 하였다.
團束

[75] 중국과 <u>통상</u> 조약을 맺었다.
　　　　　通商

[76] <u>육아</u> 문제가 날로 심각하다.
　　　育兒

[77] <u>객지</u>에서 떠돈다.
　　　客地

[問 78-82] 다음 四字成語가 完成되도록 ( ) 속의 말을 漢字[正字]로 바꾸어 쓰시오.

[78] 雨順(풍)調　　　**風**

[79] (유)備無患　　　**有**

[80] 事(친)以孝　　　**親**

[81] 多情多(감)　　　**感**

[82] (종)豆得豆　　　**種**

[問 83-85] 다음 漢字와 뜻이 反對 또는 相對되는 漢字[正字]를 ( )안에 적어 자주 쓰이는 漢字語를 만드시오.

[83] <u>水(륙)</u> 양면 공격에도 도시는
　　　陸
　　　함락되지 않았다.

[84] <u>(자)他</u>가 공인하는 실력자.
　　　自

[85] 번개는 <u>陰(양)</u> 전기의 방전으로
　　　　　陽
　　　발생한다.

[問 86-88] 다음 漢字와 뜻이 같거나 비슷한 漢字[正字]를 ( ) 안에 적어 자주 쓰이는 漢字語를 만드시오.

[86] <u>(고)難</u>을 극복하다.
　　　苦

[87] 한국 기업의 해외 <u>進(출)</u>.
　　　　　　　　　出

[88] 교육을 통한 <u>知(식)</u>의 전달.
　　　　　　　　識

[問 89-91] 다음 漢字語와 同音語(讀音이 같은 말)가 되도록 ( ) 안에 알맞은 漢字[正字]를 쓰되, 제시된 뜻에 맞추시오.

[89] 講話 – 强(**化**) : 세력이나 힘을
　　　　　더 튼튼하게 함.

[90] 童詩 – 同(**時**) : 같은 시기.

[91] 造船 – 朝(**鮮**) : 나라 이름.

[問 92-94] 다음 漢字의 略字(약자;획수를 줄인 한자)를 쓰시오.

[92] 醫    医

[93] 禮    礼

[94] 萬    万

[問 95-97] 다음 漢字의 部首를 쓰시오.

[95] 素    糸

[96] 舍    舌

[97] 求    水

[問 98-100] 다음 漢字語의 뜻을 간단히 풀이하시오.

[ 98] 再起    **다시 일어섬**

[ 99] 救命    **목숨을 구함**

[100] 廣野    **넓은 들**

<끝>. - 수고하셨습니다. -

E66-130824A

제 66 회

# 한자자격시험

(문제지)

※ 정답은 별도 배부한 OCR답안지에 작성함

| 급 수 | 준4 급 | | | 성 명 | | | | | |
|---|---|---|---|---|---|---|---|---|---|
| 문 항 수 | 100 | 객관식 | 30 | 수 험 번 호 | | | | | |
| | | 주관식 | 70 | | | – | | – | – |
| 시험시간 | 60분 | | | | | | | | |

### 수험생 유의사항

1. 수험표에 표기된 응시급수와 문제지의 급수가 같은지 확인하시오.
2. 답안지에 **성명, 수험번호, 주민등록번호를** 정확하게 **표기**하시오.
3. 답안지의 주·객관식 답안란에는 검정색펜을 사용하시오.
4. 답안지의 **객관식 답안의 수정은 수정테이프** 만을 사용하시오.
5. 답안지의 주관식 답안의 수정은 두 줄로 긋고 다시 작성하시오.
6. 수험생의 잘못으로 인해 **답안지에 이물질이 묻거나, 객관식 답안에 복수로** 표기할 경우 오답으로 처리되니 주의하시오.
7. 감독관의 지시가 있을 때까지 문제를 풀지 마시오.
8. 시험 종료 후에는 필기도구를 내려놓고 감독관의 지시를 따르시오.

■ 이 문제지는 응시자가 가지고 가도록 허용되었습니다.

국가공인 자격관리·운영기관

社團法人 **漢字敎育振興會**

韓國漢字實力評價院

# 제66회 한자자격시험 〔 준4급 〕 문제지

※ 다음 〔 〕안의 한자와 음(소리)이 같은 한자는?

1. 〔 未 〕 ①美 ②光 ③客 ④草
2. 〔 財 〕 ①賞 ②再 ③例 ④郡
3. 〔 期 〕 ①量 ②秋 ③宿 ④技
4. 〔 比 〕 ①必 ②時 ③備 ④綠
5. 〔 意 〕 ①義 ②英 ③運 ④惡

※ 다음 〔 〕안의 한자와 뜻이 상대(반대)되는 한자는?

6. 〔 終 〕 ①鳥 ②始 ③支 ④孫
7. 〔 臣 〕 ①吉 ②告 ③求 ④君

※ 다음 〔 〕안의 한자와 뜻이 비슷한 한자는?

8. 〔 願 〕 ①望 ②領 ③觀 ④園
9. 〔 在 〕 ①早 ②右 ③存 ④氏
10. 〔 敎 〕 ①凶 ②交 ③訓 ④特

※ 다음 〈보기〉의 단어들과 관련이 깊은 한자는?

11. 〈보기〉 도화지　물감　붓
　①號 ②藥 ③畵 ④念

12. 〈보기〉 달다　쓰다　시다
　①孝 ②味 ③智 ④害

13. 〈보기〉 봄여름　가을　겨울
　①詩 ②雨 ③完 ④季

※ 다음 ☐안의 한자어를 바르게 읽은 것은?

14. 勞使 ①노사 ②영리 ③노역 ④영사
15. 冷戰 ①영전 ②냉전 ③명전 ④금전
16. 展示 ①전표 ②농시 ③전시 ④수요

17. 神仙 ①시선 ②신선 ③신산 ④신사
18. 現場 ①견장 ②견양 ③현양 ④현장

※ 다음 설명이 뜻하는 한자어는?

19. 세금을 냄.
　①志操 ②受精 ③模倣 ④納稅

20. 국민이 국정에 직접 또는 간접으로 참여하는 권리.
　①責任 ②散策 ③音韻 ④參政權

21. 어떤 문제에 대하여 여러 사람이 각각 의견을 말하며 논의함.
　①討論 ②淸廉 ③臺本 ④祭政一致

22. 근거 없는 두려움이나 공포로 갑자기 생기는 심리적 불안 상태.
　①背景 ②革命 ③恐慌 ④旅程

23. 남의 지배나 구속을 받지 아니하고 자기 스스로의 원칙에 따라 어떤 일을 하는 것.
　①配慮 ②疏通 ③自律 ④矜持

※ 다음 문장 중 ( )안에 들어갈 한자어로 알맞은 것은?

24. 소비자를 우롱하는 ( )광고의 단속에 나섰다.
　①帶電 ②誇張 ③民譚 ④分析

25. ( )없는 소문을 듣고 남을 의심해서는 안 된다.
　①根據 ②還穀 ③機智 ④氣孔

26. ( )이 풍부한 그를 '걸어 다니는 백과사전'이라 부른다.
　①月蝕 ②常識 ③葛藤 ④寬容

27. 그는 성격이 너무 ( )해서 맡은 일을 제때에 해내지 못한다.
　①密度 ②濃度 ③懶怠 ④科擧

28. 사람의 모형을 만들어 무덤에 넣는 풍습은 ( )에서 유래하였다.
　①妥協 ②描寫 ③殉葬 ④起訴

29. 수사기관은 피의자의 신병을 확보한 뒤 (    ) 을 법원에 청구한다.
① 競爭   ② 經驗   ③ 放縱   ④拘束令狀

30. 사이버 공간에서 자신의 이름을 드러내지 않는 (    )이 사회적으로 문제가 되고 있다.
① 平衡   ② 推薦   ③ 干拓   ④匿名性

## 주관식 (31~100번)

※ 다음 한자의 훈(뜻)과 음(소리)을 쓰시오.

31. 次 ( 버금 차 )   32. 左 ( 왼 좌 )
33. 過 ( 지날 과 )   34. 晝 ( 낮 주 )
35. 近 ( 가까울 근 )   36. 勝 ( 이길 승 )
37. 德 ( 덕/큰 덕 )   38. 赤 ( 붉을 적 )
39. 夜 ( 밤 야 )   40. 章 ( 글 장 )
41. 億 ( 억 억 )   42. 兒 ( 아이 아 )
43. 低 ( 낮을 저 )   44. 星 ( 별 성 )
45. 基 ( 터 기 )

※ 다음 ○안에 공통으로 들어갈 한자를 〈보기〉에서 찾아 쓰시오.

| 〈보기〉 | 案 | 種 | 由 | 料 | 題 |
|---|---|---|---|---|---|

46. ○金   ○理   材○   ( 料 )
47. 課○   ○目   主○   ( 題 )
48. 答○   原○   ○內   ( 案 )
49. 人○   各○   品○   ( 種 )

※〔가로열쇠〕와〔세로열쇠〕를 읽고, 빈칸에 공통으로 들어갈 한자를 쓰시오.

| 50. | 貴 重 | 가로열쇠 | 귀하고 소중함. |
|---|---|---|---|
| | 視 | 세로열쇠 | 매우 크고 중요하게 여김. |

| 51. | 家 屋 | 가로열쇠 | 사람이 사는 집. |
|---|---|---|---|
| | 上 | 세로열쇠 | 지붕의 위. |

| 52. | 結 實 | 가로열쇠 | 열매를 맺음. |
|---|---|---|---|
| | 氷 | 세로열쇠 | 물이 얼어서 얼음이 됨. |

※ 다음 한자어의 독음을 쓰시오.

53. 物價 ( 물가 )   54. 到來 ( 도래 )
55. 貧弱 ( 빈약 )   56. 開店 ( 개점 )
57. 調和 ( 조화 )   58. 思考 ( 사고 )
59. 發送 ( 발송 )   60. 效能 ( 효능 )
61. 鐵窓 ( 철창 )   62. 質朴 ( 질박 )
63. 統計 ( 통계 )   64. 住宅 ( 주택 )
65. 患部 ( 환부 )   66. 餘力 ( 여력 )
67. 消去 ( 소거 )

※ 다음 글을 읽고 밑줄 친 부분의 뜻을 가진 한자를 〈보기〉에서 찾아 쓰시오.

여름편지
　　　　　　　　이해인

잔디(68)밭에 (69)떨어진
백합 한 송이
가슴이 작은 새가
살짝 흘리고 간
하얀 깃(70)털 한 개
이들을 내려다(71)보는
느티나무의 미소
그리고
내 마음의 (72)하늘에 떠다니는
그리움의 흰(73)구름 한 조각
삶이 (74)뜨겁네

| 〈보기〉 | 雪 雲 熱 見 葉 落 空 毛 田 |
|---|---|

68. 田   69. 落   70. 毛
71. 見   72. 空   73. 雲
74. 熱

※ 다음 문장 중 한자로 표기된 단어의 독음을 쓰시오.

75. 반 대항 달리기 試合에 나갔다. ( **시합** )

76. 이 소설의 줄거리를 要約해보자. ( **요약** )

77. 그는 肯定的인 사고방식을 가졌다. ( **긍정적** )

78. 화재에 대비한 假想훈련이 실시되었다. ( **가상** )

79. 농악에는 우리 민족의 情緒가 배어있다. ( **정서** )

80. 그 정책은 서민들에게 큰 呼應을 얻었다. ( **호응** )

81. 그는 불우한 環境에 굴하지 않고 열심히 살았다. ( **환경** )

82. 그녀는 隨筆 두 편을 써서 잡지사에 기고하였다. ( **수필** )

83. 소화불량의 증상이 있어서 위에 부담이 적은 流動食을 먹었다. ( **유동식** )

84. 서해에는 단층이나 褶曲 지형이 많아 지진이 자주 일어난다. ( **습곡** )

85. 신임 청와대 비서실장은 維新헌법 초안 마련에 참여한 인물로 알려져 있다. ( **유신** )

86. 금품수수를 刑法상 뇌물죄로 처벌하지 않으면 비리가 끊이지 않게 된다. ( **형법** )

87. 우리나라와 같은 종교多元社會에서는 상호 종교 간에 존중과 관용의 자세가 요구된다. ( **다원사회** )

※ 다음 문장 중 ( )안의 단어를 한자로 쓰시오.

88. 청소 (당번)이라 일찍 등교를 했다. ( **當番** )

89. 올 여름은 (작년)보다 더 덥게 느껴진다. ( **昨年** )

90. 꽃을 든 그녀의 얼굴은 무척이나 (행복)해 보였다. ( **幸福** )

91. 누나는 주변의 심한 (반대)에도 뜻을 굽히지 않았다. ( **反對** )

92. 늦잠을 자는 바람에 (세수)도 못하고 부랴부랴 학교에 갔다. ( **洗手** )

93. 선박 제조 기술의 발달로 먼 바다에 나가 고기를 잡는 (원양)어업이 가능해졌다. ( **遠洋** )

※ 다음 문장 중 한자로 표기된 단어의 잘못 쓰인 부분을 바르게 고쳐 쓰시오. (단, 음이 같은 한자로 고칠 것)

94. 그는 暗産능력이 뛰어나다. ( **産 → 算** )

95. 인류는 오랜 세월에 걸쳐 眞化되어 왔다.
( **眞 → 進** )

※ 다음 한자성어의 설명을 읽고 □안에 들어갈 알맞은 한자를 〈보기〉에서 찾아 순서에 맞게 쓰시오.

〈보기〉 | 書 大 誠 傳 以 正 助 面 至

96. □長 : '도와서 자라나게 한다.'는 뜻이지만, 흔히 바람직하지 않은 일을 더 심해지도록 부추긴다는 뜻으로 쓰임. ( **助** )

97. □心□心 : 마음과 마음이 통하고, 말을 하지 않아도 생각이 전달됨. ( **以 , 傳** )

98. 公明□□ : 하는 일이나 태도가 사사로움이나 그릇됨이 없이 아주 정당하고 떳떳함을 이름. ( **正 , 大** )

99. □□感天 : '정성이 지극하면 하늘도 감동하게 된다.'는 뜻으로, 무슨 일에든 정성을 다하면 아주 어려운 일도 순조롭게 풀리어 좋은 결과를 맺는다는 말. ( **至 , 誠** )

100. 白□□生 : '글만 읽어 얼굴이 창백한 사람'이라는 뜻으로, 공부만 하여 세상 물정에 어둡고 경험이 없는 사람을 이르는 말. ( **面 , 書** )

◎ 합격자 발표 : 2013. 09. 16.(월)
◎ 합격자 확인 : 홈페이지(www.hanja114.org)
◎ 한자동영상 강의 : www.hanja.tv 에서 '66회 수험번호'를 입력하면 수강료의 20%가 할인됩니다.

# 참고자료

## 1
## 부수한자 풀이

| <br>一 부수 0획, 총 1획 |  | ### 한(하나) 일 / 온(온통) 일<br>가로로 놓인 획 또는 선 '**하나**'인 수효를 나타낸 것입니다.<br>셈의 시작이나 사물의 처음을 뜻하기도 합니다.<br>전체를 아우르는 말인 '**온**'으로도 쓰입니다. | 七 _ 일곱 칠<br>上 _ 위 상<br>下 _ 아래 하<br>不 _ 아닐 불/부 |

| <br>丨 부수 0획, 총 1획 |  | ### 뚫을(통할) 곤<br>위에서 아래로 바로 꿰 '**뚫는다**'는 뜻입니다. | 中 _ 가운데 중 |

| <br>丶 부수 0획, 총 1획 |  | ### 점 주 / 불똥 주<br>등잔 속 심지불로부터 튄 한 '**점**'의 '**불똥**'을<br>나타낸 것입니다. | 丸 _ 알 환<br>丹 _ 붉을 단<br>主 _ 주인 주 |

| <br>丿 부수 0획, 총 1획 |  | ### 삐칠 별<br>글씨를 오른쪽에서 왼쪽으로 당겨 쓰며<br>'**삐친다**'는 뜻입니다. | 乃 _ 이에 내<br>之 _ 갈 지<br>乎 _ 어조사 호<br>乘 _ 탈 승 |

| <br>乙 부수 0획, 총 1획 |  | ### 새 을 / 싹날 을<br>'새'의 굽은 앞가슴처럼 초목의 '**싹이 나오는**'<br>모습을 나타낸 것입니다. | 九 _ 아홉 구<br>也 _ 어조사 야<br>乳 _ 젖 유<br>乾 _ 하늘 건 |

| <br>亅 부수 0획, 총 1획 |  | ### 갈고리 궐<br>낚시처럼 거꾸로 굽은 쇠인 '**갈고리**'를 뜻합니다. | 了 _ 마칠 료<br>予 _ 나 여/줄 여<br>事 _ 일 사 |

| <br>二 부수 0획, 총 2획 |  | ### 두(둘) 이<br>하늘과 땅을 가로로 나란히 두 선을 그어 '**둘**'을<br>나타낸 것입니다. | 五 _ 다섯 오<br>井 _ 우물 정<br>互 _ 서로 호<br>亞 _ 버금 아 |

| | |
|---|---|
| _ 방할 방<br>_ 사귈 교<br>_ 또 역<br>_ 누릴 향 | ### 돼지해머리 / 머리 두<br>가로선 위에 꼭지점을 찍어 '**머리**'부분이나 '**위**'를<br>나타낸 것입니다.<br> |

ㅗ 부수 0획, 총 2획

| | |
|---|---|
| _ 명령할 령<br>_ 써 이<br>_ 올 래<br>_ 어질 인 | ### 사람 인<br>팔을 늘어뜨린 채 다리로 내딛고 서 있는<br>'**사람**'의 모양을 본뜬 것입니다.<br><br>▶ 변형 부수자는 亻(사람인변)임.<br> |

人 亻 부수 0획, 총 2획

| | |
|---|---|
| _ 으뜸 원<br>_ 형 형<br>_ 빛 광<br>_ 아이 아 | ### 어진사람인발 / 받침사람 인<br>왼쪽은 팔을 쭉 뻗고 오른쪽은 다리를 약간 굽혀<br>팔과 다리가 서로 다름을<br>보인 '**사람**'의 모양을 본뜬 것입니다.<br> |

儿 부수 0획, 총 2획

| | |
|---|---|
| _ 안 내<br>_ 온전할 전<br>_ 두 량 | ### 들 입 / 들어갈 입<br>풀과 나무의 뿌리가 땅으로 박혀 '**들어가는**'모양을<br>본뜬 것입니다.<br><br>▶ 入(들 입) 人(사람 인).<br> |

入 부수 0획, 총 2획

| | |
|---|---|
| _ 공평정직할 공<br>_ 여섯 륙<br>_ 함께 공<br>_ 군사 병 | ### 여덟 팔 / 나눌(갈라질) 팔<br>하나는 왼쪽을 향하고, 하나는 오른쪽을 향하여<br>서로 등져 '**나누어지는**' 모습을 나타내며,<br>두 손의 손가락을 네 개씩 펴 서로 등진 손가락 수가<br>'**여덟**'이라는 뜻입니다.<br>▶ 사람의 몸에서 무릎 아래 종아리로부터 그 아래의 '다리'부분의 모양을 본뜬 자.<br> |

八 부수 0획, 총 2획

| | |
|---|---|
| _ 책 책<br>_ 두 재 | ### 멀 경 몸<br>이어져 뻗쳐 있으며 각각 경계 지어<br>나누어진 교외의 '**멀리**'까지를 나타낸 것입니다.<br> |

冂 부수 0획, 총 2획

| | |
|---|---|
| _ 갓 관<br>_ 어두울 명 | ### 민갓머리 / 덮을 멱<br>천으로 물건을 '**덮는다**'는 뜻입니다.<br> |

冖 부수 0획, 총 2획

## 이 수 변 / 얼음 빙

물이 무늬 결로 엉긴 '얼음' 모양을 본뜬 것입니다.

冫 부수 0획, 총 2획

冬 _ 겨울 동
冷 _ 찰 랭
凍 _ 얼 동
凉 _ 서늘할 량

---

## 안석 궤

다리가 달려 있어 걸터앉을 수 있는 걸상인 '안석'의 모양을 본뜬 것입니다.

几 부수 0획, 총 2획

凡 _ 무릇 범
凰 _ 봉황새 황
凱 _ 싸움이긴풍류 개

---

## 위튼입구몸 / 입벌릴 감

사람이 아랫입술만 넓게 하여 '입벌린' 동작을 나타낸 것입니다.

凵 부수 0획, 총 2획

凶 _ 흉할 흉
出 _ 날 출
凹 _ 오목할 요
凸 _ 볼록할 철

---

## 칼 도 / 외날칼 도

자루가 달리고 등과 외날이 있는 '칼'의 모양을 본뜬 것입니다.

刀 刂 부수 0획, 총 2획

分 _ 나눌 분
初 _ 처음 초
利 _ 이로울 리
前 _ 앞 전

---

## 힘(힘줄) 력

힘을 주어 불끈 솟아오른 사람의 '힘'줄 모양을 본뜬 것입니다.

力 부수 0획, 총 2획

▶ 力(힘 력) 刀(칼 도).

加 _ 더할 가
功 _ 공 공
勞 _ 수고로울 로
務 _ 힘쓸 무

---

## 쌀 포 몸 / 쌀 포

사람이 몸을 구부려 품속의 물건을 감'싸고 있는' 모습을 나타낸 것입니다.

勹 부수 0획, 총 2획

勿 _ ~하지말 물
包 _ 쌀(꾸릴) 포

---

## 숟가락 비 / 비수 비

나무로 만든 밥 '숟가락'의 모양을 본뜬 것입니다.

匕 부수 0획, 총 2획

化 _ 화할 화
北 _ 북녘 북/달아날 ㅂ

---

| | |
|---|---|
| 匡 _ 바를 광 | ### 튼입 **구** 몸 / 상자 **방** |
| 匠 _ 장인 장 | 통나무를 파서 만든 '**상자**' 모양을 본뜬 것입니다. |
| 匪 _ 도둑 비 | |
| 匱 _ 궤 궤 | ㄷ 부수 0획, 총 2획 |

| | |
|---|---|
| 匹 _ 짝 필 | ### 감출 **혜** 몸 |
| 區 _ 구역 구 | 덮어 가려 '**감춘다**'는 뜻입니다. |
| 匿 _ 숨을 닉 | |
| | ㄷ 부수 0획, 총 2획 |

| | |
|---|---|
| 前 _ 일전 전 | ### 열 **십** |
| 午 _ 낮 오 | 동서남북 사방과 중앙이 온전히 갖추어지면 |
| 卑 _ 낮을 비 | 결함이 없듯이, 온전한 두 손을 엇갈면 |
| 男 _ 남녀 남 | 손가락의 수가 모두 '**열**'이 된다는 뜻입니다. |
| | ╋ 부수 0획, 총 2획 |

| | |
|---|---|
| 占 _ 점 점 | ### 점 **복** |
| 卦 _ 점괘 괘 | 거북 등딱지를 불에 그슬려 등딱지의 갈라진 금의 모양을 |
| 卞 _ 조급할 변 | 보고 길흉의 '**점**'을 쳤다는 뜻입니다. |
| | ㅏ 부수 0획, 총 2획 |

| | |
|---|---|
| 卯 _ 토끼 묘 | ### 병부 **절** 방 / 뼈마디 **절** |
| 危 _ 위태할 위 | 반으로 갈라져 서로 결합되는 한 쪽의 '**부절**'모양을 |
| 印 _ 도장 인 | 본뜬 것입니다. |
| 卵 _ 알 란 | |
| | ▶ 부수자가 ㄷ(병부절방)으로도 쓰임 |
| | ㅁ ㄷ 부수 0획, 총 2획 |

| | |
|---|---|
| 厄 _ 재앙 액 | ### 민엄호 / 언덕 **한** |
| 厚 _ 두터울 후 | 산기슭에 돌출한 바위 아래의 빈 곳에 사람이 |
| 原 _ 근원 원 | 살 수 있도록 '**언덕**'져 있다는 뜻입니다. |
| 厥 _ 그 궐 | |
| | ㄱ 부수 0획, 총 2획 |

| | |
|---|---|
| | ### 마늘모 / 사사로울 **사** |
| 去 _ 갈 거 | 갈고리같이 마음이 굽은 사람은 |
| 參 _ 석 삼/참여할 참 | 항상 공정하지 못하고 이익 됨만을 '**사사로이**'챙긴다는 |
| | 뜻입니다. |
| | ㅿ 부수 0획, 총 2획 |

又 부수 0획, 총 2획

## 또 우 / 손 우

오른손잡이의 오른'**손**'은 자주 '**또**' 쓴다는 뜻입니다.

及 _ 미칠 급
反 _ 돌이킬 반
友 _ 벗 우
取 _ 취할 취

口 부수 0획, 총 3획

## 입 구

사람이 말하거나 먹거나 입맞춤하는 일을 오로지 담당하는 기관인 '**입**'모양을 본뜬 것입니다.

可 _ 옳을 가
古 _ 예 고
右 _ 오른 우
同 _ 한가지 동

囗 부수 0획, 총 3획

## 큰입 구 몸 / 에울 위

빙 두루 돌려 다시 합해지도록 '**에워싼다**'는 뜻입니다.

四 _ 넉 사
囚 _ 가둘 수
因 _ 인할 인
國 _ 나라 국

土 부수 0획, 총 3획

## 흙 토

대체로 싹이 돋아나는 곳이 '**흙**'이라는 뜻입니다.

在 _ 있을 재
地 _ 땅 지
坐 _ 앉을 좌
堂 _ 집 당
執 _ 잡을 집

士 부수 0획, 총 3획

## 선비 사

하나를 듣고 열을 알기 때문에 능히 일을 맡을 수 있는 사람이 곧 '**선비**'라는 뜻입니다.

壯 _ 씩씩할 장
壹 _ 한 일
壽 _ 목숨 수

▶士(선비 사) 土(흙 토).

夂 부수 0획, 총 3획

## 뒤처져올 치

사람의 두 다리는 걸을 때 번갈아 가며 한쪽 다리는 다른 한쪽 다리보다 항상 '**뒤처져온다**'는 뜻입니다.

変 _ 변할 변

夊 부수 0획, 총 3획

## 천천히걸을**쇠**발

손으로 지팡이를 짚거나 끌고 가야 하므로 두 다리는 자연히 '**천천히 걷게 된다**'는 뜻입니다.

夏 _ 여름 하

## 저녁 석

_ 바깥(밖) 외
_ 밤 야
_ 꿈 몽

땅거미가 지기 시작하거나 초승달의 빛이 반쯤 땅에 비추는 어둑한 때인 초'**저녁**'을 나타낸 것입니다.

夕 부수 0획, 총 3획

---

## 큰 대

_ 사내 부
_ 하늘 천
_ 가운데 앙
_ 오랑캐 이

어른이 양팔을 벌리고 선 모습이 '**크다**'는 뜻입니다.

大 부수 0획, 총 3획

---

## 계집 녀 / 여자 녀 / 딸 녀

_ 좋을 호
_ 비로소 시
_ 맡길 위
_ 아내 처

항상 두 손을 포개고 무릎은 여미며 고요히 앉아 있는 '**여자**'의 모습을 나타낸 것입니다.

女 부수 0획, 총 3획

---

## 아들 자 / 자식(아이) 자 / 씨 자

_ 글자 자
_ 있을 존
_ 효도 효
_ 배울 학

포대기 안에 있는 '**자식(아이)**'의 모양을 본뜬 것입니다.

子 부수 0획, 총 3획

---

## 갓머리 / 집 면

_ 지킬 수
_ 편안할 안
_ 하늘 주
_ 집 가

동서남북 네 면에 담장이 있고 위에 덮개가 있는 '**집**'의 모양을 본뜬 것입니다.

宀 부수 0획, 총 3획

---

## 마디 촌 / 한치 촌

_ 절 사
_ 장수 장
_ 오로지 전
_ 찾을 심

손목에서 맥박이 뛰는 데까지의 사이, 또는 손가락의 한 '**마디**'라는 뜻입니다. 길이단위인 '**한치**', '**시각**', '**촌수**'등의 뜻으로도 쓰입니다.

寸 부수 0획, 총 3획

---

## 작을 소

_ 적을 소 / 젊을 소
_ 뾰족할 첨
_ 오히려 상

八(팔)의 한 가운데를 나눔을 나타내는 글자로 '**작게**' 나누다의 뜻입니다.

小 부수 0획, 총 3획

尢 兀 尣 부수 0획, 총 3획

### 절름발이 왕

오른쪽 다리가 굽은 사람의 걸음걸이가 절뚝거리니
곧 '절름발이'라는 뜻입니다.

尤 _ 더욱 우
就 _ 나아갈 취

---

尸 부수 0획, 총 3획

### 주검 시 엄 / 시체 시

사람의 몸이 고꾸라져 누운 뒤 영원히 일어나지
못하니 곧 '주검'이라는 뜻입니다.

尹 _ 다스릴 윤
尺 _ 자 척
尾 _ 꼬리 미
屬 _ 붙을 속

---

屮 부수 0획, 총 3획

### 왼손 좌 / 싹날 철

초목의 '싹이 나는'모습을 나타낸 것입니다.

屯 _ 모일 둔

---

山 부수 0획, 총 3획

### 메(뫼 산) 산

우뚝 솟은 '산' 모양을 본뜬 것입니다.

岸 _ 언덕 안
岳 _ 큰산 악
島 _ 섬 도
崇 _ 높일 숭

---

巛 川 부수 0획, 총 3획

### 개미허리 / 내 천

큰물이 길게 흘러가는 '내'의 모양을 본뜬 것입니다.

州 _ 고을 주
巡 _ 순행할 순
巢 _ 새집 소

---

工 부수 0획, 총 3획

### 장인 공 / 솜씨좋을 공

일을 하면 기준에 맞고 먹줄 놓은 것처럼 곧고 발라서
물건 등을 만들어내는 솜씨가 있는 사람을
'장인'이라고 한다는 뜻입니다.

巨 _ 클 거
巧 _ 공교로울 교
左 _ 왼 좌
差 _ 어긋날 차

---

己 부수 0획, 총 3획

### 몸 기 / 배 기

사람의 '배'모양을 본떴으며, 곧 자기의 '몸'을
나타낸 것입니다.

巳 _ 뱀 사
已 _ 이미 이
巷 _ 거리 항

▶ 己(몸 기) 已(이미 이) 巳(뱀 사).

市 _ 저자(시장) 시
帥 _ 장수 수
師 _ 스승 사
帶 _ 띠 대

## 수건 건

사물을 덮고도 그 끝이 아래로 드리운 '**수건**'의
모양을 본뜬 것입니다.

巾 부수 0획, 총 3획

---

平 _ 평평할 평
年 _ 해 년
幸 _ 다행 행
幹 _ 줄기 간

## 방패 간 / 범할 간

'**방패**'의 모양을 본뜬 것입니다.
방패를 창이나 화살로 뚫었으니 곧 방패의 고유 기능을
'**범하다**'란 뜻입니다.

干 부수 0획, 총 3획

---

幼 _ 어릴 유
幽 _ 그윽할 유
幾 _ 몇 기

## 작을 요

아이가 처음 생긴 때는 아주 '**작은**' 모양이라는 뜻입니다.
絲(실 사)의 반은 糸(실사변)이고 糸의 반은 幺가되어
가늘어 '**작거**'나 은밀히 숨는다는 뜻도 있습니다.

幺 부수 0획, 총 3획

---

牀 _ 평상 상
度 _ 법 도 / 헤아릴 측
庭 _ 뜰 정

## 엄 호 / 집 엄

언덕진 바위 위에 지은 아래는 넓고 위는 뾰족한 '**집**'의
모양을 본뜬 것입니다.

广 부수 0획, 총 3획

---

延 _ 끌 연
廷 _ 조정 정
建 _ 세울 건
廻 _ 돌 회

## 민책받침 / 길게걸을 인

발걸음이 연이어 끊어지지 않게 '**길게걷는다**'는
뜻입니다.

廴 부수 0획, 총 3획

---

弁 _ 고깔 변
弄 _ 희롱할 롱
弊 _ 폐단 폐

## 스물 입 발 / 두손공손히할 공

좌우의 손을 모아 '**두 손을 공손히 한다**'는
뜻입니다.

廾 부수 0획, 총 3획

---

式 _ 법 식
弒 _ 죽일 시

## 주살 익 / 말뚝 익

나무의 '**말뚝**'모양을 나타낸 것입니다.
뾰족한 나무에 끈을 매 '**주살**'로사용한다는
뜻도 있습니다.

弋 부수 0획, 총 3획

## 활 궁

보관하기 위해 시위(활줄)를 풀어놓은 '활'의 모양을 본뜬 것입니다.

弓 부수 0획, 총 3획

引 _ 끌 인
弗 _ 아닐 불
弟 _ 아우 제
弱 _ 약할 약

---

## 튼가로왈 / 돼지머리 **계**

위는 뾰족하고 얼굴 부분이 큰 '돼지머리'의 모양을 본뜬 것입니다.

▶ 변형 부수자는 彑(튼가로왈)임.

크 彑 부수 0획, 총 3획

彗 _ 비 혜
彘 _ 돼지 체
彙 _ 무리 휘
彛 _ 떳떳할 이

---

## 터럭 **삼** / 그릴 **삼**

붓'털'로 똑같지 않게 꾸며 '그린' 무늬를 본뜬 것입니다.

彡 부수 0획, 총 3획

形 _ 형상 형
彦 _ 선비 언
彬 _ 빛날 빈
彩 _ 채색 채

---

## 두 **인** 변 / 조금걸을 **척**

넙적다리·정강이·발의 세 곳이 붙어 서로 연결된 모습을 본뜬 것입니다.
行(다닐 행)의 반으로 움직임을 작게 하여 **'조금걷는다'**는 뜻입니다.

彳 부수 0획, 총 3획

往 _ 갈 왕
後 _ 뒤 후
德 _ 덕 덕
徹 _ 통할 철

---

## 마음 **심**

사람 몸속에 있는 염통 모양을 본뜬 것입니다.
염통은 몸의 가운데 있으며 또 공허하고 밝은 불의 장기가 돼 '마음'의 바탕이 된다는 뜻입니다.

心 小 忄 부수 0획, 총 4획

必 _ 반드시 필
忠 _ 충성 충
性 _ 성품 성
恭 _ 공손할 공

---

## 창 **과**

자루 달린 '창'의 모양을 대략 본뜬 것입니다.

戈 부수 0획, 총 4획

戊 _ 다섯째천간 무
戍 _ 수자리 수
戌 _ 개 술
成 _ 이룰 성

---

## 지게(한짝문) **호** / 집 **호**

집의 실내에 설치한 '한짝문(지게)'의 모양을 본뜬 것입니다.

戶 부수 0획, 총 4획

房 _ 방 방
所 _ 바 소

---

| | 손 **수** | | 手 |
|---|---|---|---|

承 _ 이을 승
掌 _ 손바닥 장
才 _ 재주 재
投 _ 던질 투

## 손 **수**

손바닥 및 다섯 손가락을 펴고 있는
'**손**'의 모양을 본뜬 것입니다.

手 부수 0획, 총 4획

---

技 _ 기울어질 기
尋 _ 길 심

## 지탱할 **지** / 줄 **지**

손으로 대나무 가지를 떼어내고 장대를
만들어 '**지탱해주는**' 버팀목의
모양을 본뜬 것입니다.

支 부수 0획, 총 4획

---

攷 _ 두드릴 고
改 _ 고칠 개
放 _ 놓을 방
敎 _ 가르칠 교

## 칠 **복**

점을 보며 손으로 가볍게 '**치는**' 모습을
나타낸 것입니다.

▶ 변형 부수자는 攵(등글월문)임.
▶ 등은 等(같을 등)이니, 攵의 생김새가 글월문(文)과
　비슷하다는 뜻이다.

攴 攵 부수 0획, 총 4획

---

斑 _ 얼룩질 반
斐 _ 문채날 비

## 글월 **문** / 무늬 **문**

교차되게 그은 '**무늬**'라는 뜻입니다.
문장의 '**글월**'도 그런 의미로 엮는다는 뜻입니다.

文 부수 0획, 총 4획

---

料 _ 헤아릴 료
斜 _ 비낄 사
斡 _ 주선할 알

## 말 **두**

곡식 등의 용량을 재는 그릇은
자루 달린 '**말**'의 모양을 본뜬 것입니다.

斗 부수 0획, 총 4획

---

斥 _ 내칠 척
斯 _ 이 사
新 _ 새 신
斷 _ 끊을 단

## 근 **근** / 도끼 **근**

'**도끼**'날의 모양을 본뜬 것입니다.
도끼는 무게를 다는 '**근**'단위의 뜻도 있습니다.

斤 부수 0획, 총 4획

---

於 _ 어조사 어
施 _ 베풀 시
旅 _ 나그네 려
族 _ 겨레 족

## 모 **방** / 방향 **방**

아울러 맨 두 척의 배를 가로로 본 모양을
본뜬 것입니다. '**모**'난 부분이
어디로든 향하는 '**방향**'이 있다는 뜻입니다.

方 부수 0획, 총 4획

## 없을 무

하늘(天)의 몸체가 산이 울퉁불퉁한 서북쪽으로 기울여 둥긂이 '없음'을 나타낸 것입니다.

无 부수 0획, 총 4획

旣 _ 이미 기

---

## 해 일 / 날 일

흑점이 있는 '해'의 모양을 본뜬 것입니다.
해가 뜨고 지는
하루인 '날'을 뜻하기도 합니다.

日 부수 0획, 총 4획

旬 _ 열흘 순
明 _ 밝을 명
春 _ 봄 춘
晝 _ 낮 주

---

## 가로(말할) 왈

입을 벌리고 입김을 내며 '말한다'는 뜻입니다.

曰 부수 0획, 총 4획

曲 _ 굽을 곡
更 _ 고칠 경 / 다시 갱
書 _ 글 서
會 _ 모일 회

---

## 달 월

초승'달'의 모양을 본뜬 것입니다.

月 부수 0획, 총 4획

有 _ 있을 유
朗 _ 밝을 랑
望 _ 바랄 망
朝 _ 아침 조

---

## 나무 목

땅에 뿌리를 내리고 가지를 치며 자라는 '나무'의 모양을 본뜬 것입니다.

木 부수 0획, 총 4획

末 _ 끝 말
東 _ 동녘 동
李 _ 오얏 리
栗 _ 밤 률
栽 _ 심을 재

---

## 하품 흠

사람이 머리를 쳐들고 입기운을 내며 '하품'하는 모습을 나타낸 것입니다.

欠 부수 0획, 총 4획

次 _ 버금 차
欲 _ 하고자할 욕
欺 _ 속일 기
歌 _ 노래 가

---

## 그칠 지 / 발 지

사람의 발가락을 강조한 '발'의 모양을 본뜬 것입니다.

止 부수 0획, 총 4획

正 _ 바를 정
步 _ 걸음 보
武 _ 굳셀 무
歸 _ 돌아올 귀

| | | |
|---|---|---|
| 死 _ 죽을 사<br>殃 _ 재앙 앙<br>殆 _ 위태로울 태<br>殊 _ 다를 수 | **죽을 사 변 / 뼈앙상할 알**<br><br>살을 발라 내니 '**뼈가 앙상하다**'는 뜻입니다.<br><br>▶ 歺 = 歹 | <br><br>歹 歺 부수 0획, 총 4획 |
| 段 _ 층계 단<br>殺 _ 죽일 살 / 줄일 쇄<br>毁 _ 헐 훼 | **갖은등글월문 / 몽둥이 수**<br><br>사람을 격리하여 단절시키려고 손에<br>긴 '**몽둥이**'를 잡고 있다는 뜻입니다.<br><br>▶ 갖은이란 말은 '획을 더 많게 한다'는 의미가 있음. | <br><br><br>殳 부수 0획, 총 4획 |
| 母 _ 어머니 모<br>每 _ 매양 매<br>毒 _ 독할 독 | **말 무**<br><br>부드럽고 연약한 여자를 압박하여 간사하게<br>하려는 사람을 한결같이<br>그렇게 하지'**말**'도록 금지한다는 뜻입니다. | <br><br><br>毋 부수 0획, 총 4획 |
| 比 _ 도울 비<br>毖 _ 삼갈 비 | **견줄 비 / 나란할 비**<br><br>서로 친밀한 두 사람이 '**나란히**' 서서<br>서로 '**견주어본다**'는 뜻입니다. | <br><br><br>比 부수 0획, 총 4획 |
| 毫 _ 가는털 호 | **털 모**<br><br>사람의 눈썹·머리털, 또는 짐승 등의<br>'**털**'모양을 본뜬 것입니다. | <br><br><br>毛 부수 0획, 총 4획 |
| 民 _ 백성 민<br>氓 _ 백성 맹 | **뿌리 씨 / 각시 씨**<br><br>땅 위로는 움이 되고 땅 아래로는 '**뿌리**'가 되는<br>나무의 밑동을 뜻합니다. | <br><br><br>氏 부수 0획, 총 4획 |
| 氣 _ 기운 기 | **기운 기 엄**<br><br>구름의 모양과 같이 산천에서 처음 나오는<br>'**기운**'의 모습을 본뜬 것입니다. | <br><br>气 부수 0획, 총 4획 |

水 氵水 부수 0획, 총 4획

## 물 수

흘러가는 '**물**'의 모양을 본뜬 것입니다.

▶ 변형 부수자는 氵(삼수변)임.

永 _ 길(오랠) 영
求 _ 구할 구
泉 _ 샘 천
泰 _ 클 태
江 _ 강 강

---

火 灬 부수 0획, 총 4획

## 불 화

활활 타오르는 '**불**'꽃의 모양을 본뜬 것입니다.

▶ 새 부류의 '발톱'모양을 본뜬 자.
▶ 변형 부수자는 灬(연화발)임.

災 _ 재앙 재
炭 _ 숯 탄
營 _ 경영할 영
然 _ 그럴 연

---

爪 爫 부수 0획, 총 4획

## 손톱(발톱) 조

새 부류의 '**발톱**'모양을 본뜬 것입니다.

▶ 爪=爫

爭 _ 다툴 쟁
爲 _ 할 위
爵 _ 벼슬 작
爰 _ 이에 원

---

父 부수 0획, 총 4획

## 아비(아버지) 부 / 남자어른 보

손에 회초리를 들고서 아이들을 인도하고
가르치는 '**아비**'란 뜻입니다.

爺 _ 아비 야

---

爻 부수 0획, 총 4획

## 효 효 / 점괘 효

『주역(周易)』이란 책 속의 여섯 개의 '**효**'가 거듭되어
교차하여 서로 합해지거나 하여
얻은 '**점괘**'를 뜻합니다.

爽 _ 시원할 상
爾 _ 너 이

---

爿 부수 0획, 총 4획

## 장수 장 변 / 나무조각 장

쪼갠 '**나무조각**'의 모양을 본뜬 것입니다.

牀 _ 평상 상
牆 _ 담 장

---

片 부수 0획, 총 4획

## 조각 편

나무를 가운데로 쪼개어 생긴 '**조각**'의 모양을
본뜬 것입니다.

版 _ 판목 판
牌 _ 패 패

---

| | | |
|---|---|---|
| _ 버팀목 탱 | **어금니 아**<br>턱 속에 있는 위와 아래가 서로 맞물린<br>'**어금니**'의 모양을 본뜬 것입니다. | 牙<br>牙 부수 0획, 총 4획 |
| _ 칠(기를) 목<br>_ 만물 물<br>_ 특별할 특<br>_ 끌 견 | **소 우**<br>'**소**'의 뒷모습을 본뜬 것입니다. | 牛<br>牛 牜 부수 0획, 총 4획 |
| _ 문서 장 / 형상 상<br>_ 감옥 옥<br>_ 범할 범 | **개 견**<br>앞발을 들고 짖어대는 '**개**'의 모양을<br>본뜬 것입니다. | 犬<br>犬 犭 부수 0획, 총 4획 |
| _ 검을 자<br>_ 거느릴 솔<br>비율 률 | **검을 현**<br>하늘빛은 '**검으면서**'붉다는 뜻입니다. | 玄<br>玄 부수 0획, 총 5획 |
| _ 옥돌 민<br>_ 나눌 반<br>_ 다스릴 리<br>_ 거문고 금 | **구슬 옥**<br>색이 빛나고 소리가 펴 드날리고 바탕이<br>깨끗한 아름다운 돌이 '**구슬**'이라는 뜻입니다.<br>세 개의 구슬을 한 줄로 꿴 모습을 본뜬 것입니다.<br><br>▶ 변형 부수자는 王 (구슬옥변 = 임금 왕)임. | 玉<br>玉 王 부수 0획, 총 5획 |
| _ 박 호<br>_ 표주박 표<br>_ 외씨 판 | **오이(외) 과**<br>땅 위에 덩굴로 나서 맺은 열매를 통틀어 '**외**'라고<br>한다는 뜻입니다.<br>'**오이**'덩굴의 모양을 본뜬 것입니다.<br><br>▶ 瓜(오이 과) 爪(손톱 조)  | 瓜<br>瓜 부수 0획, 총 5획 |
| _ 사기그릇 자<br>_ 질그릇 견<br>_ 독(단지) 옹 | **기와 와**<br>지붕 위에 얹는 '**기와**'의 모양을 본뜬 것입니다.<br> | 瓦<br>瓦 부수 0획, 총 5획 |

甘 부수 0획, 총 5획

## 달 **감**

입에 머금어 좋은 것은 '**단**'맛이라는 뜻입니다.

甚 _ 심할 심

生 부수 0획, 총 5획

## 날(나올) **생** / 살 **생**

풀싹이 땅을 뚫고 '**나오는**'모양을 본뜬 것입니다.

産 _ 낳을 산
甥 _ 생질(외손자) 생

用 부수 0획, 총 5획

## 쓸 **용**

어떤 일을 시행함에 거북점으로 그 일을 점쳐서
들어맞으면 점을 받들어
시행하여 '**썼다**'는 뜻입니다.

甫 _ 클 보

田 부수 0획, 총 5획

## 밭 **전**

농지의 경계가 방정(方正)하고 길과 도랑이 사방으로
통하도록 만들어진 '**밭**'의
모양을 본뜬 것입니다.

男 _ 사내 남
畓 _ 논 답
畜 _ 가축 축
畵 _ 그림 화 / 그을 획

疋 부수 0획, 총 5획

## 필 **필** / 다리 **소**

사람의 몸에서 무릎 아래 종아리로부터
그 아래의 '**다리**'부분의 모양을 본뜬 것입니다.

疏 _ 성길 소 / 적을 소
疑 _ 의심할 의

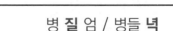

▶ 필(疋)은 일정한 길이로 짠 피륙을 세는 단위임.

疒 부수 0획, 총 5획

## 병 **질 엄** / 병들 **녁**

사람이 침상에 의지하여 휴양하거나
'**병**'을 고친다는 뜻입니다.

病 _ 병들 병
症 _ 증세 증
疾 _ 병 질

癶 부수 0획, 총 5획

## 필 **발** 머리 / 등질 **발**

발의 움직임과 그침이 자유롭지 못하여 그 걸어감에
나아가지 못한 상태인 두 발이 서로
'**등진**'모양을 나타낸 것입니다.

登 _ 오를 등
發 _ 필 발

| | | |
|---|---|---|
| _ 일백 백 | **흰 백 / 아뢸 백** | 白 |
| _ 과녁 적 | 지평선 위로 아직 나오지 않은 해의 빛은 항상 '**희다**'는 뜻입니다. | |
| _ 다 개 | | |
| _ 임금 황 | | 白 부수 0획, 총 5획 |

| | | |
|---|---|---|
| _ 주름 준 | **가죽 피 / 가죽 비** | 皮 |
| _ 주름살 추 | 손으로 짐승의 털 달린 '**가죽**'을 벗기는 모습을 나타낸 것입니다. | |
| | ▶ '털을 제거한 가죽'은 革(가죽 혁)임. | 皮 부수 0획, 총 5획 |

| | | |
|---|---|---|
| _ 더할 익 | **그릇 명** | 皿 |
| _ 도둑 도 | 음료수나 먹는 물건을 담는 '**그릇**'의 모양을 본뜬 것입니다. | |
| _ 성할 성 | | |
| _ 다할 진 | | 皿 부수 0획, 총 5획 |

| | | |
|---|---|---|
| _ 곧을 직 | **눈 목 / 조목 목** | 目 |
| _ 참 진 | 눈두덩은 외곽선으로 눈동자는 내부의 선으로 나타낸 '**눈**'의 모양을 본뜬 것입니다. | |
| _ 볼 간 | | |
| _ 서로 상 | | |
| _ 눈 안 | | 目 부수 0획, 총 5획 |

| | | |
|---|---|---|
| _ 자랑할 긍 | **창 모** | 矛 |
| | 깃의 꾸미개를 매달아 세워 놓은 '**창**'의 모양을 본뜬 것입니다. | |
| | | 矛 부수 0획, 총 5획 |

| | | |
|---|---|---|
| _ 어조사 의 | **화살 시** | 矢 |
| _ 알 지 | 활이나 쇠뇌를 쏠 때 사용하는 '**화살**'이라는 뜻입니다. | |
| _ 법 구 | | |
| _ 짧을 단 | | 矢 부수 0획, 총 5획 |

| | | |
|---|---|---|
| _ 갈 연 | **돌 석** | 石 |
| _ 벼루 연 | 바위 언덕 아래의 '**돌**' 모양을 본뜬 것입니다. | |
| _ 푸를 벽 | | |
| _ 갈 마 | | 石 부수 0획, 총 5획 |

示
示 부수 0획, 총 5획

### 보일 시

하늘이 해·달·별의 변동함을 나타내 사람들에게
길함을 향하고
흉함을 피하도록 '**보인다**'는 뜻입니다.

▶ 변형 부수자는 礻(보일시변)임.

社 _ 모일 사
神 _ 귀신 신
祭 _ 제사 제
票 _ 표 표

---

内
内 부수 0획, 총 5획

### 짐승발자국 유

땅을 밟고 지나가 자취가 남아 있는
'**짐승발자국**'의 모양을 본뜬 것입니다.

禹 _ 하우씨 우
离 _ 밝을 리
禽 _ 날짐승 금

---

禾
禾 부수 0획, 총 5획

### 벼 화

이미 열매를 맺어 고개 숙인 '**벼**'의 모양을
본뜬 것입니다.

私 _ 사사로울 사
秀 _ 빼어날 수
秋 _ 가을 추
秦 _ 진나라 진

---

穴
穴 부수 0획, 총 5획

### 구멍 혈

옛날 사람들이 땅 등을 파헤쳐 집으로
삼았던 '**굴(구멍)**'의 모양을 본뜬 것입니다.

究 _ 궁구할 구
空 _ 빌 공
突 _ 부딪칠 돌
窓 _ 창 창

---

立
立 부수 0획, 총 5획

### 설 립

사람이 몸을 이동하지 않고 땅 위에 '**서**'있는
모습을 본뜬 것입니다.

竟 _ 마침내 경
競 _ 다툴 경
童 _ 아이 동
端 _ 끝 단

---

竹
竹 부수 0획, 총 6획

### 대 죽

마주서서 잎을 드리운 두 개의 '**대나무**'모양을
본뜬 것입니다.

笑 _ 웃을 소
第 _ 차례 제
答 _ 대답할 답
筆 _ 붓 필

---

米
米 부수 0획, 총 6획

### 쌀 미

벼 열매의 겉껍질만 벗겨낸 '**쌀알**'의 모양을
본뜬 것입니다.

粉 _ 가루 분
粟 _ 조 속

| | | | |
|---|---|---|---|
| 糸 _ 실 사 | **실 사 변 / 실 사** | | |

糸 _ 실 사
約 _ 대략 약
索 _ 동아줄 삭
　　찾을 색
縣 _ 고을 현

**실 사 변 / 실 사**

누에가 토한 대략 묶은 '**실**'의 모양을
본뜬 것입니다.

▶ 糸(실사변)의 본래 글자는 絲(실 사)임.

糸 부수 0획, 총 6획

---

缺 _ 이지러질 결

**장군(질장구) 부**

큰 배통·오무린 아가리·편편한 밑바탕·뚜껑이 있는
기와 그릇인
'**장군**'의 모양을 본뜬 것입니다.

缶 부수 0획, 총 6획

---

罔 _ 없을 망
罕 _ 드물 한
罪 _ 허물 죄

**그물 망**

노끈 등의 실을 교차하여 얽어 짠 '**그물**'의 모양을
본뜬 것입니다.

▶ 변형 생략 부수자는 罒 罓 罓임.

网 罒 罓 罓罓 부수 0획, 총 6획

---

美 _ 아름다울 미
群 _ 무리 군
義 _ 옳을 의

**양 양**

'**양**'의 머리·뿔·네 발·꼬리 등의 모양을
본뜬 것입니다.

羊 부수 0획, 총 6획

---

翁 _ 늙은이 옹
習 _ 익힐 습
翰 _ 붓 한
翼 _ 날개 익

**깃 우 / 날개 우**

새의 긴 '**깃**' 또는 두 '**날개**'의 모양을
본뜬 것입니다.

羽 부수 0획, 총 6획

---

考 _ 상고할 고
者 _ 놈(사람) 자
　　것 자

**늙을 로**

사람의 수염·머리카락 등이 나이가 많아질수록
검음으로부터 희게 변화함이
'**늙음**'이라는 뜻입니다.

▶ 변형 부수자는 耂(늙을로엄)임.

老 耂 부수 0획, 총 6획

---

耐 _ 견딜 내

**말이을 이 / 수염 이**

입 위와 턱 밑에 난 뺨의 털인 '**수염**'의 모양을
본뜬 것입니다.

而 부수 0획, 총 6획

未

未 부수 0획, 총 6획

## 쟁기 뢰 / 가래 뢰

굽은 나무로 만들고 그 자루의 끝에 날카로운 쇠를
끼워 밭을 가는
농기구인 '**쟁기**'의 모양을 본뜬 것입니다.

耕 _ 밭갈 경
耦 _ 짝 우

---

耳 부수 0획, 총 6획

## 귀 이 / ~뿐(따름) 이

소리를 듣는 기관인 '**귀**'의 모양을 본뜬 것입니다.

聖 _ 성인 성
聞 _ 들을 문
聲 _ 소리 성
聽 _ 들을 청

---

聿 부수 0획, 총 6획

## 오직 율 / 붓 율

손으로 글씨 쓰는 도구인 '**붓**'을 쥐고 있는 모습을
나타낸 것입니다.

肆 _ 방자할 사
肅 _ 엄숙할 숙
肇 _ 시작할 조

---

肉 月 부수 0획, 총 6획

## 고기 육

살결이 있는 큰 덩이의 '**고기**'모양을 본뜬 것입니다.

▶ 月자가 달이 아니라 肉(고기 육)자의 의미로 쓰일 때는
변형 부수인 月(육달월변)으로 읽음. 肝(간), 肺(폐)

肝 _ 간 간
胡 _ 오랑캐 호
能 _ 능할 능
膚 _ 살갖 부

---

臣 부수 0획, 총 6획

## 신하 신

측면으로 서서 머리를 숙이고 손을 받들어
임금을 모시고 있는
'**신하**'의 모습을 본뜬 것입니다.

臥 _ 누울 와
臨 _ 임할 림
臧 _ 착할 장

---

自 부수 0획, 총 6획

## 스스로 자 / 코 자

'**코**'의 모양을 본뜬 자로, 사람이 자신을 말할 때는
간혹은 자기의 코를
'**스스로**' 가리킨다는 뜻도 있습니다.

臭 _ 냄새 취

---

至 부수 0획, 총 6획

## 이를 지

새가 날아 높은 곳으로부터 곧바로 내려와
땅에 '**이른다**'는 뜻입니다.

致 _ 다다를 치
　　 이룩할 치
臺 _ 토대 대
　　 대 대

## 절구 구

_ 절구질한 용
_ 줄 여
_ 일어날 흥
_ 옛 구

쌀을 넣고 공이를 이용하여 껍질을 벗겨내는
기구인 **'절구'**의 모양을 본뜬 것입니다.

臼 부수 0획, 총 6획

---

## 혀 설

_ 집 사
_ 펼 서

입 안에 있으면서 말하거나 맛을 구별하는
**'혀'**의 모양을 본뜬 것입니다.

舌 부수 0획, 총 6획

---

## 어그러질 천

_ 순임금 순
_ 춤출 무

발걸음이 등지고 뒤섞여 있어 발길이
서로 **'어그로져있다'**는 뜻을 나타낸 것입니다.

舛 부수 0획, 총 6획

---

## 배 주

_ 옮길 반
_ 배로물건널 항
_ 배 선

물을 건너는 교통 기구인 **'배'**의 모양을
본뜬 것입니다.

舟 부수 0획, 총 6획

---

## 괘이름 간 / 그칠 간

_ 어질 량
_ 어려울 간

눈길을 서로 나란히 하여 시선을 한 곳에
**'그치게'**한다는 뜻입니다.

艮 부수 0획, 총 6획

---

## 빛(빛깔) 색

_ 고울 염

사람의 마음에 느끼는 것이 있으면 그 기운이 미간에
나타나 마치 부절(符節)을
합한 것 같은 얼굴 **'빛'**을 띤다는 뜻입니다.

色 부수 0획, 총 6획

---

## 풀 초

_ 꼴(먹이풀) 추
_ 꽃 화
_ 일만 만
_ 연 련

**'풀'**의 싹이 떨기로 나오는 모양을 본뜬 것입니다.

▶ 변형 부수자는 ++(초두머리)임.
▶ 艸 = 草

艸 ++부수 0획, 총 6획

## 범 호 엄 / 범무늬 호

머리 및 몸통 부분을 대략 본뜬 '범(호랑이)'의 모습을
나타낸 것입니다.

虎 _ 범(호랑이) 호
號 _ 부르짖을 호
虧 _ 이지러질 휴

虍 부수 0획, 총 6획

---

## 살무사 훼 / 벌레 충

가느다란 목에 큰 머리를 가진 뱀인 '살무사'의 모양을
나타낸 것입니다. 사리고 있는 모습이
동물들의 웅크린 자세와 같으므로 그런 동물들을 통틀어
옛날에는 '벌레'라고 했다는 뜻입니다.

▶ 虫 = 蟲

蚊 _ 모기 문
蚤 _ 벼룩 조
蜀 _ 나라이름 촉
蜜 _ 꿀 밀

虫 부수 0획, 총 6획

---

## 피 혈

그릇 속에 담긴 제사 때 쓰이는 희생 짐승의 '피'를
본뜬 것입니다.

▶ 血(피 혈) 皿(그릇 명)

衆 _ 무리 중

血 부수 0획, 총 6획

---

## 다닐 행 / 항렬 항

사람이 걷거나 달려 '다닌다'는 뜻입니다.

術 _ 재주 술
街 _ 거리 가
衝 _ 찌를 충
衛 _ 호위할 위

行 부수 0획, 총 6획

---

## 옷 의

사람이 의지하여 몸을 가리는데 쓰이는 것이
'옷'이라는 뜻입니다.

▶ 변형 부수자는 衤(옷의변)임.
▶ 주의 礻(보일시변)

表 _ 거죽 표
裏 _ 속 리
裁 _ 마름질할 재
被 _ 이불 피

衣 부수 0획, 총 6획

---

## 덮을 아

위로부터 아래로 물건을 감싸 '덮는다'는 뜻입니다.

西 _ 서녘 서
要 _ 구할 요
覆 _ 엎을 복

襾 부수 0획, 총 6획

---

## 볼 견 / 나타날 현

사람이 눈을 집중하여 '본다'는 뜻입니다.

規 _ 법 규
親 _ 친할 친
覺 _ 깨달을 각
覽 _ 볼 람

見 부수 0획, 총 7획

| | | |
|---|---|---|
| 解 _ 풀 해 | **뿔 각** |  |
| 觸 _ 닿을 촉 | 짐승의 '**뿔**'모양을 나타낸 것입니다. | |
| 觴 _ 술잔 상 | | 角 부수 0획, 총 7획 |
| 觫 _ 두려워할 곡 | | |

| | | |
|---|---|---|
| 訓 _ 가르칠 훈 | **말씀 언** |  |
| 警 _ 경계할 경 | 입안의 혀로부터 곧바로 나오는 '**맘(말씀)**'이라는 뜻입니다. | |
| 譽 _ 기릴 예 | | 言 부수 0획, 총 7획 |
| 變 _ 변할 변 | | |

| | | |
|---|---|---|
| 溪 _ 시내 계 | **골(골짜기) 곡** |  |
| 豁 _ 소통할 활 | 솟아나온 샘물이 냇물을 이뤄 지나가는 두 산 사이의 우묵한 곳이 '**골(골짜기)**'이라는 뜻입니다. | |
| | | 谷 부수 0획, 총 7획 |

| | | |
|---|---|---|
| 豈 _ 어찌 기 | **콩 두 / 나무그릇 두** |  |
| 豊 _ 풍성할 풍 | 옛날에 고기를 담아 먹던 '**나무그릇**'의 모양을 본뜬 것입니다. 그 그릇의 모양이 콩꼬투리 같이 생겨 '**콩**'의 뜻도 있습니다. | |
| | | 豆 부수 0획, 총 7획 |

| | | |
|---|---|---|
| 豚 _ 돼지 돈 | **돼지 시** |  |
| 象 _ 코끼리 상 | '**돼지**'의 머리·네 다리·꼬리의 특징을 본뜬 것입니다. | |
| 豪 _ 호걸 호 | | 豕 부수 0획, 총 7획 |
| 豫 _ 미리 예 | | |

| | | |
|---|---|---|
| 豹 _ 표범 표 | **발없는벌레 치 / 맹수 치** |  |
| 貊 _ 종족이름 맥 | 입이 크고 척추가 길어 먹이감을 잘 사냥하여 잡아먹는 '**맹수**'의 모양을 본뜬 것입니다. 사냥할 때 몸을 낮추고 기회를 엿보다가 구부린 몸을 펴는 모습이 뱀 지렁이 따위의 '**발없는 벌레**'와 같다는 뜻입니다. | |
| 貌 _ 모양 모 | | 豸 부수 0획, 총 7획 |

| | | |
|---|---|---|
| 貪 _ 탐낼 탐 | **조개 패** |  |
| 買 _ 살 매 | 등 부분이 높이 일어나고 배 아래가 나누어 갈라진 '**조개**'의 모양을 본뜬 것입니다. | |
| 賣 _ 팔 매 | | 貝 부수 0획, 총 7획 |
| 財 _ 재물 재 | | |
| 貳 _ 두 이 | | |

## 붉을 적

큰 불이 내는 빛은 대략 **'붉은'** 빛이라는 뜻입니다.

赤 부수 0획, 총 7획

赦 _ 용서할 사
赫 _ 붉을 혁

---

## 달릴 주

다리를 많이 굽혀 앞으로 빨리 **'달려'**나간다는 뜻입니다.

走 부수 0획, 총 7획

赴 _ 다다를 부
起 _ 일어날 기
超 _ 뛰어넘을 초

---

## 발 족

곧게 서거나 걷거나 달릴 때 그것을 담당하는 몸의 부분인 **'발'**의 모양을 본뜬 것입니다.

足 부수 0획, 총 7획

距 _ 떨어질 거
路 _ 길 로
跡 _ 발자취 적
踏 _ 밟을 답

---

## 몸 신

사람의 온 **'몸'**의 모양을 본뜬 것입니다.

身 부수 0획, 총 7획

躬 _ 몸 궁
軀 _ 몸 구

---

## 수레 거 / 차 차

바퀴와 굴대와 상자 통을 가로로 본 **'수레'**의 모양을 본뜬 것입니다.

車 부수 0획, 총 7획

軍 _ 군사 군
載 _ 실을 재
輝 _ 빛날 휘
輿 _ 수레 여

---

## 매울 신 / 죄 신

윗사람을 찌르는 큰 **'죄'**가 되므로, 그 죄의 대가(代:價)는 매우 **'맵다'**는 뜻입니다.

辛 부수 0획, 총 7획

辨 _ 분별할 변
辦 _ 힘쓸 판
辯 _ 말잘할 변
辭 _ 말 사

---

## 별 진 / 별 신 / 때 신

감싸져 있는 양기(陽氣)가 삼월에야 비로소 크게 발산되는 **'때'**라는 뜻입니다. 그 때를 알리는 **'별'**이 미리 나타난다는 뜻도 있습니다.

▶ 농사에 상서로운 절후를 알리는 별은, 정월 새벽에 나타나는 방성(房星)임.

辰 부수 0획, 총 7획

辱 _ 욕될 욕
農 _ 농사 농

---

## 쉬엄쉬엄갈 착

가다말다 머뭇거리며 '**쉬엄쉬엄간다**'는 뜻입니다.

▶ 변형 부수자는 辶(책받침)임.

辵 辶 부수 0획, 총 7획

_ 가까울 근
_ 맞을 영
_ 지을 술
_ 길 도

---

## 고을 읍

직책을 가지고 지키는 지역이 '**고을**'이라는 뜻입니다.

▶ 변형 부수자는 阝(우부방)임.
▶ 주의 卩(병부절)임.

邑 阝 부수 0획, 총 7획

_ 화할 옹
_ 나라 방
_ 고을 군
_ 도읍 도

---

## 닭 유 / 술 유

항아리나 잔속에 '**술**'이 들어 있는 모양을 본뜬 것입니다.
십이지지(十二地支)중에서 10번째인 유(酉)에 해당하는
동물이 '**닭**'이라는 뜻도 있습니다.

▶ 십이지지(十二地支) : 60 갑자의 아래 단위를 이루는 요소. 子(자), 丑(축), 寅(인),
卯(묘), 辰(진), 巳(사), 午(오), 未(미), 申(신), 酉(유), 戌(술), 亥(해)를 말함.

酉 부수 0획, 총 7획

_ 짝 배
_ 술 주
_ 술취할 취
_ 의원 의

---

## 분별할 변 / 짐승발톱 변

짐승 발자국에 남아 있는 발바닥과 발톱의 모양으로
어느 짐승인지 '**분별할**' 수 있음을 나타낸 것입니다.

釆 부수 0획, 총 7획

_ 캘 채
_ 잿물 유
_ 풀(해석할) 석
부처(중) 석

---

## 마을 리

농사나 집을 짓고 살만한 땅이 있는 곳에
세워진 '**마을**'을 뜻합니다.

里 부수 0획, 총 7획

_ 무거울 중
_ 들 야
_ 헤아릴 량
용량 량

---

## 쇠 금 / 돈 금 / 성씨 김

흙 속에 덮여있는 금이나 '**쇠**'붙이란 뜻입니다.
그것은 '**돈**'으로의 가치가 있어 '**귀중하다**'는
뜻도 있습니다.

▶ 성씨로 쓰일 때는 '김'이라고 읽음.

金 부수 0획, 총 8획

_ 가마 부
_ 바늘 침
_ 낚시 조
_ 뚫을 착

---

## 길(긴) 장 / 어른 장 / 기를 장

수염과 머리카락이 '**긴**'노인(어른)의 모습을
본뜬 것입니다.

▶ 長 = 镸

長 부수 0획, 총 8획

_ 길 오

門 부수 0획, 총 8획

## 문 문

두 문짝이 서로 마주하는 '문'의 모양을
본뜬 것입니다.

間 _ 사이 간
閉 _ 닫을 폐
開 _ 열 개
閏 _ 윤달 윤

---

阜 阝부수 0획, 총 8획

## 언덕 부

돌은 없고 흙으로만 층층이 겹쳐진 높고
평평한 '언덕'이란 뜻입니다.

▶ 변형 부수자는 阝(좌부방변 또는 좌부변)임.
▶ 주의- 卩(병부절)

防 _ 막을 방
附 _ 붙을 부
限 _ 한정 한
除 _ 덜(제거할) 제

---

隶 부수 0획, 총 8획

## 미칠(이를) 이 / 미칠 대

손으로 꼬리를 잡고 뒤쫓아가 '미친다'는
뜻입니다.

隷 _ 종 례
　　　글씨체이름 례

---

隹 부수 0획, 총 8획

## 새 추 / 꽁지짧은새 추

'새' 중에서 '꽁지짧은새'의 모양을 대체로
본뜬 것입니다.

雀 _ 참새 작
雜 _ 섞일 잡
集 _ 모을 집
雙 _ 쌍 쌍

---

雨 부수 0획, 총 8획

## 비 우

하늘에 떠 있는 구름 사이로부터 내려오는
물방울이 '비'라는 뜻입니다.

雲 _ 구름 운
雷 _ 우레 뢰
電 _ 번개 전
靈 _ 신령 령

---

靑 부수 0획, 총 8획

## 푸를 청

초목이 싹을 틔우기 전의 거죽은 붉으나 자라나면
'푸르다'는 뜻입니다.
푸름은 젊음과 봄을 나타냅니다.

靖 _ 편안할 정
靜 _ 고요할 정
靚 _ 단장할 정

---

非 부수 0획, 총 8획

## 아닐 비

새의 두 날개가 서로 등진 모양을 했지만 나는데
위배되는 것은 '아니다'라는 뜻입니다.

靡 _ 쓰러질 미

---

| | | |
|---|---|---|
| 面 _ 보조개 엽 | **낯(얼굴) 면 / 행정구역 면**<br><br>사람 머리의 앞쪽 윤곽인 **'얼굴'**의 모양을<br>본뜬 것입니다. | 面<br><br>面 부수 0획, 총 9획 |
| 革 _ 기를 국<br>革 _ 채찍 편<br>革 _ 그네 추<br>革 _ 그네 천 | **가죽 혁**<br><br>짐승을 잡아 그 몸을 편편히 펴고 털을 매만져<br>없앤 날 **'가죽'**의 모양을 본뜬 것입니다.<br><br>▶ '털이 그대로 있는 가죽'은 皮(가죽 피)임. | 革<br><br>革 부수 0획, 총 9획 |
| 韋 _ 한국 한<br>韋 _ 감출 도 | **다룸가죽 위 / 에울 위**<br><br>잡은 짐승의 가죽 전체를 **'에워'**싸고 있는 털 등을<br>빈틈 없이 손질한<br>**'다룸가죽'**이란 뜻입니다. | 韋<br><br>韋 부수 0획, 총 9획 |
| 韭 _ 과감할 해 | **부추 구**<br><br>한번 심어 잘 관리하면 오래 살아남아<br>나물을 공급해 주는 **'부추'**의 모양을<br>본뜬 것입니다. | 韭<br><br>韭 부수 0획, 총 9획 |
| 音 _ 아름다울 소<br>音 _ 운 운<br>音 _ 울릴 향 | **소리 음**<br><br>마음으로부터 입을 통해 절도(마디)있게 표현되는<br>**'소리'**라는 뜻입니다. | 音<br><br>音 부수 0획, 총 9획 |
| 頁 _ 잠깐 경<br>頁 _ 정수리 정<br>頁 _ 제목 제 | **머리 혈**<br><br>특히 강조된 사람의 얼굴과 **'머리'**의 모양을<br>본뜬 것입니다. | 頁<br><br>頁 부수 0획, 총 9획 |
| 風 _ 거센바람 태<br>風 _ 날릴 양<br>風 _ 나부낄 표 | **바람 풍 / 풍속 풍**<br><br>날아다니는 벌레가 발산되는 공기의 힘에 휩쓸려서<br>이동하는 것은<br>**'바람'**때문이라는 뜻입니다. | 風<br><br>風 부수 0획, 총 9획 |

## 날 비

새가 목털을 떨치고 두 날개를 펼쳐서
공중을 '날고' 있는 모양을 본뜬 것입니다.

飛 부수 0획, 총 9획

翻 _ 펄럭일 번
번역할 번

---

## 밥 식 / 먹일 사

여러 곡식의 알을 모아서 익히니 향기로운 냄새가 나며
곧 '밥'이 된다는 뜻입니다.

食 부수 0획, 총 9획

飢 _ 주릴 기
飲 _ 마실 음
養 _ 기를 양 / 봉양할

---

## 머리 수 / 처음 수

사람의 얼굴·눈썹·눈 등을 본뜨고 머리털까지
포함시켜 '머리'를 강조한 것입니다.

首 부수 0획, 총 9획

馘 _ 벨 괵

---

## 향기 향

기장은 오곡 가운데서 냄새와 맛이
가장 '향기'롭다는 뜻입니다.

香 부수 0획, 총 9획

馥 _ 향기 복
馨 _ 향기로울 형

---

## 말 마

머리·갈기·꼬리·네 발 등이 극도로 건장하고
위엄이 있어 타거나 끄는 일에 쓰이는 동물인
'말'의 모양을 본뜬 것입니다.

馬 부수 0획, 총 10획

駐 _ 머무를 주
驗 _ 시험할 험
騰 _ 오를 등
驚 _ 놀랄 경

---

## 뼈 골

살이 감싸고 있는 딱딱한 몸속의 '뼈'모양을
본뜬 것입니다.

骨 부수 0획, 총 10획

體 _ 몸 체
髓 _ 골수 수

---

## 높을 고

먼 곳의 경계를 '높은' 건물에 표시해 보게 한다는
뜻입니다.

高 부수 0획, 총 10획

| | | | |
|---|---|---|---|
| 髟 _ 터럭 발<br>髣 _ 비슷할 방<br>髴 _ 비슷할 불 | ### 긴털드리울 표<br>'긴 털이 드리워진' 모양을 본뜬 것입니다. |  | <br>髟 부수 0획, 총 10획 |
| 鬪 _ 싸울 투 | ### 싸울 투<br>두 사람이 각각 하나의 물건을 쥐고 서로 마주하여<br>**'다툰다'**는 뜻입니다.<br><br>▶ 鬥(싸울 투) 門(문 문) |  | <br>鬥 부수 0획, 총 10획 |
| 鬱 _ 답답할 울 | ### 울창주 창 / 기장술 창<br>대개 검은 기장의 쌀알과 향이 나는 울금초를<br>그릇에 넣고 빚어 제사 때<br>국자로 떠 걸러서 쓰는 술이 **'울창주'**라는 뜻입니다. |  | <br>鬯 부수 0획, 총 10획 |
| 鬻 _ 죽 죽<br>팔(판매할) 육 | ### 솥 력<br>무늬 넣은 몸통에 뚜껑도 있고 삶을 수도 있는<br>세 발 달린 **'솥'**의 모양을 본뜬 것입니다. |  | <br>鬲 부수 0획, 총 10획 |
| 魁 _ 우두머리 괴<br>魂 _ 넋 혼<br>魏 _ 위나라 위<br>魔 _ 마귀 마 | ### 귀신 귀<br>사람의 형상으로 머리가 특별히 크고 나쁜 음기가<br>뭉친 것이 사람에게 붙어<br>사사로이 해를 끼치는 **'귀신'**을 나타낸 것입니다. |  | <br>鬼 부수 0획, 총 10획 |
| 鮑 _ 절인고기 포<br>鮮 _ 고을 선 / 적을 선<br>魯 _ 둔할 로 | ### 물고기 어<br>머리·몸체·비늘·꼬리를 갖추고 물에서 살며<br>아가미로 호흡하는<br>동물인 **'물고기'**의 모양을 본뜬 것입니다. |  | <br>魚 부수 0획, 총 11획 |
| 鳴 _ 울 명<br>鳳 _ 봉새 봉<br>鴻 _ 큰기러기 홍<br>鶴 _ 학 학 | ### 새 조 / 꽁지긴새 조<br>꽁지가 긴 **'새'**의 모양을 본뜬 것입니다.<br><br>▶ 꽁지 짧은 새'는 隹(새 추)를 씀. |  | <br>鳥 부수 0획, 총 11획 |

## 鹵

鹵 부수 0획, 총 11획

### 짠땅(소금밭) **로**

동쪽의 바닷가가 아닌 내륙에서 소금이 생산되는 곳인 **'짠땅'**의 지형을 본뜬 것입니다.

鹽 _ 소금 염
鹹 _ 짤 함

---

## 鹿

鹿 부수 0획, 총 11획

### 사슴 **록**

가지진 뿔 · 머리 · 몸 · 꼬리 · 네 다리를 본뜬 성질이 순한 **'사슴'**의 모양을 본뜬 것입니다.

麒 _ 기린 기
麟 _ 기린 린
麗 _ 고울 려
麓 _ 산기슭 록

---

## 麥

麥 부수 0획, 총 11획

### 보리 **맥**

올해 늦가을에 씨를 뿌리고 내년 초여름에 거둬들이는 까끄라기가 달린 **'보리'**를 나타낸 것입니다.

麵 _ 국수 면
麴 _ 누룩 국

---

## 麻

麻 부수 0획, 총 11획

### 삼 **마**

모시풀을 집에서 이미 길쌈한 것이 **'삼'**이라는 뜻입니다.

麾 _ 대장기 휘

---

## 黃

黃 부수 0획, 총 12획

### 누를(누른색) **황**

땅의 빛이 **'누르다(누렇다)'**는 뜻입니다.

黆 _ 씩씩할 광

---

## 黍

黍 부수 0획, 총 12획

### 기장 **서**

물에 불리면 벼의 열매인 쌀보다 그 찰진 기운이 더 많은 **'기장'**을 나타낸 것입니다.

黎 _ 검을 려

---

## 黑

黑 부수 0획, 총 12획

### 검을 **흑**

불을 때면 연기가 굴뚝을 통하여 나가는데 굴뚝 속이 그을려 그 빛깔이 **'검다'**는 뜻입니다.

默 _ 말없을 묵
點 _ 점 점
黨 _ 무리 당

| | | |
|---|---|---|
| \_ 보불 **불**<br>\_ 보불 **보** | ### 바느질할 **치**<br>바늘귀에 실을 꿰어 해어진 옷을 촘촘하게<br>**'바느질한다'**는 뜻입니다.  | <br>黹 부수 0획, 총 12획 |
| \_ 아침 **조**<br>\_ 자라 **오**<br>\_ 자라 **별** | ### 맹꽁이 **맹** / 힘쓸 **민**<br>개구리로서 배가 크고 다리가 긴 **'맹꽁이'**의<br>모양을 본뜬 것입니다.  | <br>黽 부수 0획, 총 13획 |
| \_ 솥뚜껑 **멱** | ### 솥 **정**<br>쪼갠 나무로 불을 지펴 다섯 가지 맛을 만들어<br>내는 세 발과 두 귀 달린<br>쇠붙이 그릇인 **'솥'**의 모양을 본뜬 것입니다.  | <br>鼎 부수 0획, 총 13획 |
| \_ 북소리 **동** | ### 북 **고**<br>모양은 원통과 비슷하고 양 끝에 가죽을 씌워<br>나무로 테돌림을 하여 두드려<br>소리내는 악기가 **'북'**이라는 뜻입니다.  | <br>鼓 부수 0획, 총 13획 |
| \_ 날다람쥐 **오**<br>\_ 두더지 **언** | ### 쥐 **서**<br>배·발톱·꼬리 부분을 대략 나타내고<br>특히 이로 물건 쏠기를<br>좋아하는 **'쥐'**의 모양을 본뜬 것입니다.  | <br>鼠 부수 0획, 총 13획 |
| \_ 코막힐 **구** | ### 코 **비**<br>스스로 호흡을 하거나 냄새를 맡도록 도와주는<br>기관인 **'코'**를 뜻합니다.  | <br>鼻 부수 0획, 총 14획 |
| \_ 재계할 **재** | ### 가지런할 **제**<br>일정하게 자란 벼나 보리는 팬 이삭의 모양새도<br>거의 **'가지런하다'**는 뜻입니다.  | <br>齊 부수 0획, 총 14획 |

### 이 치

입이 벌어졌을 때 위아래의 입술 안에 고르게
나열된 뼈인 '이'의 모양을 본뜬 것입니다.

齒 부수 0획, 총 15획

齡 _ 나이 령
齧 _ 씹을 설
齷 _ 억척스러울 악

---

### 용 룡

무궁무진한 조화를 부리며 춘분(春分)이면
하늘에 오르고 추분(秋分)이면
연못에 잠기는 비늘이 달린 상상속의 영험한 동물인
'용'의 모습을 나타낸 것입니다.

龍 부수 0획, 총 16획

龐 _ 클 방
龕 _ 감실 감

---

### 거북 귀 / 땅이름 구 / 터질 균

배와 등에 껍질이 있어 몸체를 속에 간직하는
동물인 '거북'의 모양을 본뜬 것입니다.

龜 부수 0획, 총 16획

---

### 피리(대피리) 약

여러 개의 대통을 모아 만들어 부는 악기인 '대피리'의
모양을 본뜬 것입니다.

龠 부수 0획, 총 17획

# 참고자료

## 2
## 상식한자

# 한자의 약자(略字)와 속자(俗子)

한자를 간추려서 간략히 쓰는 것을 약자라고 하며, 이에 대비되는 말로 본래 글자는 정자(正字)라고 한다.
약자의 종류에는 간략하게 적으려고 만든 약자, 정자는 아니지만 똑같은 한자로 인식되어 쓰이는 속자(俗字), 정자의
옛글인 고자(古字), 똑같은 글자인 동자(同字) 그리고 잘못 쓰이고 있는 글자를 그대로 쓰는 와자(譌字/僞字)가 있다.

한자의 약자는 중국 한나라 시대부터 시작되었는데, 현재 중국이나 일본에서는 국가적으로 약자 작업을 시행해 중
은 간체자(簡體字)가 정착을 했고, 일본도 상용한자의 상당수를 약자로 사용하고 있다.
중국에서는 중국식의 약자인 간체자를 사용하는데 이에 대비하여 정자(正字)를 번체자(번거로운 글자)라고 부른다. <
체자는 약자, 속자, 와자 이외의 초서체에서 빌려오는 등 한자를 아주 간략하게 만든 글자이다. 나름의 간략하게 하
규칙이 있다.

## 약자의 성립

1. 정자(正字)의 자형(字形)에서 특징적인 부분만을 취하거나 중요하지 않은 부분을 생략한 경우
2. 정자의 구성부분(주로 표음부분)을 쉽게 쓰기 위해 정자의 획을 생략하는 경우
3. 정자의 초서체로서 자형을 해서풍(楷書風)으로 고정시킨 것
4. 정자의 한 부분을 간단한 다른 의미를 지닌 자형으로 바꾸는 경우 - 바꾸는 부분은 주로 한자의 음부(音部)가 됨.
5. 이밖에 '禮-礼(예)', '萬-万(만)'과 같이 고자(古字)로서 오랫동안 정자처럼 취급되어 온 것도 있다.

우리의 한자교육은 정자(正字) 위주의 교육을 하고 있고 중국의 간체자 작업 이전의 자전에서 사용되던 약자와 일본
서 전래된 약간의 약자를 혼용해서 사용하고 있다.

## 약자(略字)의 구성 예시

① 정자(正字)의 자형(字形)에서 특징적인 부분만을 취하거나 중요하지 않은 부분을 생략한 경우.
　〈예〉 다음과 같이 획이 확연하게 줄어 든다.
　　歷(력) → 厂 / 聲(성) → 声 / 獨(독) → 独 / 點(점) → 点
　　壓(압) → 圧 / 寶(보) → 宝 / 號(호) → 号 / 畫(화) → 画

② 정자의 구성부분(주로 표음부분)을 쉽게 쓰기 위해 정자의 획을 생략하는 경우.
　〈예〉 획의 차이보다는 정자와 모양이 비슷하다.
　　德(덕) → 徳 / 儉(검) → 倹 / 黑(흑) → 黒 / 價(가) → 価
　　惡(악) → 悪 / 繼(계) → 継 / 數(수) → 数 / 樂(악) → 楽

ⓑ 정자의 초서체 형태를 해서체 형태로 변형해서 만드는 방법.

〈예〉

爲(위) → 為 / 學(학) → 学 / 兒(아) → 児 / 晝(주) → 昼

賣(매) → 売 / 賤(천) → 賎 / 壽(수) → 寿 / 與(여) → 与

ⓒ 정자의 한 부분을 간단한 다른 의미를 지닌 자형으로 바꾸는 경우 - 바꾸는 부분은 주로 한자의 음부(音部)가 됨.

〈예〉

轉(전) → 転 / 鐵(철) → 鉄 / 拂(불) → 払 / 戀(련) → 恋

驛(역) → 駅 / 藝(예) → 芸 / 會(회) → 会 / 亂(란) → 乱

ⓓ 고자(古字)가 오래도록 사용되어 온 경우

〈예〉

萬(만) → 万 / 禮(례) → 礼

약자는 공문서나 상대의 성명과 같은 정중한 표기에는 사용하지 않는다.

# 약자, 속자 일람표 (ㄱ~ㅂ)

| 구분 | 정자 | 약/속자 | 정자 | 약/속자 | 정자 | 약/속자 | 정자 | 약/속자 | 정자 | 약/속자 |
|---|---|---|---|---|---|---|---|---|---|---|
| ㄱ | 假(가) | 仮 | 價(가) | 価 | 鑑(감) | 鑑 | 岡(강) | 崗 | 強(강) | 强 |
| | 거짓, 빌리다 | | 값, 가치 | | 거울, 본보기 | | 산등성이, 언덕 | | 강하다, 억지로 | |
| | 個(개) | 箇 | 蓋(개) | 盖 | 擧(거) | 挙 | 據(거) | 拠 | 檢(검) | 検 |
| | 낱개, [단위] | | 덮다, 뚜껑 | | 들다, 움직이다 | | 의거하다 | | 검사하다 | |
| | 劍(검) | 剣 | 儉(검) | 倹 | 傑(걸) | 杰 | 輕(경) | 軽 | 經(경) | 経 |
| | 칼[= 劍 ] | | 검소하다 | | 뛰어나다 | | 가볍다 | | 지니다, 경전 | |
| | 徑(경) | 径 | 繼(계) | 継 | 關(관) | 関 | 觀(관) | 観 | 廣(광) | 広 |
| | 지름길 | | 잇다, 계속하다 | | 빗장, 기관 | | 보다 | | 넓다 | |
| | 鑛(광) | 鉱 | 敎(교) | 教 | 區(구) | 区 | 舊(구) | 旧 | 驅(구) | 駆 |
| | 광물 | | 가르치다 | | 지경, 구역 | | 옛 | | 몰다 | |
| | 龜(귀, 구) | 亀 | 國(국) | 国 | 權(권) | 権 | 勸(권) | 勧 | 氣(기) | 気 |
| | 거북/(균)터지다 | | 나라 | | 권세, 권력 | | 돕다 | | 기운 | |
| ㄷ | 單(단) | 单 | 團(단) | 団 | 擔(담) | 担 | 斷(단) | 断 | 當(당) | 当 |
| | 홑 | | 둥글다, 모이다 | | 맡다 | | 자르다 | | 마땅하다 | |
| | 黨(당) | 党 | 對(대) | 対 | 圖(도) | 図 | 讀(독) | 読 | 獨(독) | 独 |
| | 무리 | | | | 그림 | | 읽다 | | 홀로 | |
| | 燈(등) | 灯 | | | | | | | | |
| | 등불 | | | | | | | | | |
| ㄹ | 亂(란) | 乱 | 覽(람) | 覧 | 來(래) | 来 | 兩(량) | 両 | 勵(려) | 励 |
| | 어지럽다 | | 보다 | | 오다 | | 둘, 짝 | | 힘쓰다, 권장 | |
| | 歷(력) | 歴 | 練(련) | 練 | 戀(연) | 恋 | 獵(렵) | 猟 | 禮(례) | 礼 |
| | 지나다, 역사 | | 익히다 | | 사모하다 | | 사냥하다 | | 예도 | |
| | 勞(로) | 労 | 賴(뢰) | 頼 | 龍(룡) | 竜 | 樓(루) | 楼 | | |
| | 힘쓰다 | | 의지하다 | | 용 | | 다락, 누각 | | | |
| ㅁ | 萬(만) | 万 | 滿(만) | 満 | 賣(매) | 売 | 彌(미) | 弥 | | |
| | 일만 | | 가득 차다 | | 팔다 | | 두루, 널리 | | | |
| ㅂ | 發(발) | 発 | 裵(배) | 裴 | 杯(배) | 盃 | 柏(백) | 栢 | 變(변) | 変 |
| | 피다, 나가다 | | 옷 늘어지다 | | 잔 | | 잣나무 | | 변하다 | |
| | 幷(병) | 并 | 竝(병) | 並 | 佛(불) | 仏 | | | | |
| | 아우르다, 함께 | | 나란히 하다 | | 부처, 불가 | | | | | |

# 약자, 속자 일람표 (ㅅ~ㅈ)

| 구분 | 정자 | 약/속자 | 정자 | 약/속자 | 정자 | 약/속자 | 정자 | 약/속자 | 정자 | 약/속자 |
|---|---|---|---|---|---|---|---|---|---|---|
| ㅅ | 辭(사) | 辞 | 寫(사) | 写 | 狀(상) | 状 | 敍(서) | 敍 | 釋(석) | 釈 |
| | 말, 글 | | 베끼다 | | 모양 /(장)문서 | | 차례, 순서 | | 놓다, 풀다 | |
| | 聲(성) | 声 | 屬(속) | 属 | 數(수) | 数 | 壽(수) | 寿 | 肅(숙) | 粛 |
| | 소리 | | 속하다, 족속 | | 수, 헤아리다 | | 목숨, 장수 | | 엄숙하다 | |
| | 濕(습) | 湿 | 乘(승) | 乗 | 實(실) | 実 | 雙(쌍) | 双 | | |
| | 축축하다,습기 | | 타다, 오르다 | | 열매, 실제 | | 둘, 쌍둥이 | | | |
| ㅇ | 兒(아) | 児 | 亞(아) | 亜 | 樂(악) | 楽 | 巖(암) | 岩 | 壓(압) | 圧 |
| | 아이 | | 버금, 다음 | | 음악/(락)즐겁다 | | 바위, 험하다 | | 누르다 | |
| | 藥(약) | 薬 | 讓(양) | 譲 | 嚴(엄) | 厳 | 餘(여) | 余 | 與(여) | 与 |
| | 약 | | 양보하다 | | 엄하다 | | 남다 | | 주다, 더불다 | |
| | 譯(역) | 訳 | 榮(영) | 栄 | 營(영) | 営 | 譽(예) | 誉 | 藝(예) | 芸 |
| | 번역하다 | | 영화롭다 | | 경영하다 | | 칭찬하다 | | 재주, 기술 | |
| | 爲(위) | 為 | 應(응) | 応 | 醫(의) | 医 | 貳(이) | 弐 | | |
| | 하다, 되다 | | 응하다 | | 의원, 치료하다 | | 둘 | | | |
| ㅈ | 姉(자) | 姉 | 殘(잔) | 残 | 潛(잠) | 潜 | 雜(잡) | 雑 | 將(장) | 将 |
| | 누이 | | 해치다, 남다 | | 잠기다 | | 잡되다 | | 장수, 장차 | |
| | 莊(장) | 荘 | 傳(전) | 伝 | 轉(전) | 転 | 錢(전) | 銭 | 戰(전) | 戦 |
| | 장원 | | 전하다 | | 구르다, 전환 | | 돈 | | 싸우다 | |
| | 點(점) | 点 | 靜(정) | 静 | 濟(제) | 済 | 齊(제) | 斉 | 條(조) | 条 |
| | 점, 점찍다 | | 고요하다 | | 구제하다 | | 가지런하다 | | 조목 | |
| | 從(종) | 従 | 鑄(주) | 鋳 | 憎(증) | 憎 | 增(증) | 増 | 證(증) | 証 |
| | 따르다 | | 주조하다 | | 미워하다 | | 늘다, 더하다 | | 증거, 증명하다 | |
| | 眞(진) | 真 | 盡(진) | 尽 | 晉(진) | 晋 | | | | |
| | 참, 진 | | 다하다 | | 나아가다 | | | | | |

# 약자, 속자 일람표 (ㅊ~ㅎ)

| 구분 | 정자 | 약/속자 | 정자 | 약/속자 | 정자 | 약/속자 | 정자 | 약/속자 | 정자 | 약/속자 |
|---|---|---|---|---|---|---|---|---|---|---|
| ㅊ | 贊(찬) | 賛 | 讚(찬) | 讃 | 參(참) | 参 | 處(처) | 処 | 賤(천) | 賎 |
| | 돕다 | | 기리다, 칭찬 | | 참여하다 | | 처하다, 곳 | | 천하다 | |
| | 踐(천) | 践 | 鐵(철) | 鉄 | 廳(청) | 庁 | 聽(청) | 聴 | 體(체) | 体 |
| | 밟다 | | 쇠 | | 대청, 관청 | | 듣다 | | 몸 | |
| | 遞(체) | 逓 | 觸(촉) | 触 | 總(총) | 総 | 樞(추) | 枢 | 蟲(충) | 虫 |
| | 갈마들다 | | 닿다, 부딪치다 | | 거느리다, 모두 | | 지도리, 중추 | | 벌레 | |
| | 沖(충) | 冲 | 醉(취) | 酔 | 齒(치) | 歯 | 稱(칭) | 称 | | |
| | 비다, 가운데 | | 취하다 | | 이, 나이 | | 저울, 칭하다 | | | |
| ㅌ | 澤(택) | 沢 | 擇(택) | 択 | | | | | | |
| | 연못, 윤택하다 | | 가리다, 고르다 | | | | | | | |
| ㅍ | 廢(폐) | 廃 | 豐(풍) | 豊 | | | | | | |
| | 폐하다 | | 풍년들다 | | | | | | | |
| ㅎ | 學(학) | 学 | 獻(헌) | 献 | 驗(험) | 験 | 險(험) | 険 | 顯(현) | 顕 |
| | 배우다 | | 드리다, 바치다 | | 경험하다 | | 험하다 | | 나타나다 | |
| | 縣(현) | 県 | 螢(형) | 蛍 | 黑(흑) | 黒 | 號(호) | 号 | 畫(화) | 画 |
| | 매달다 | | 반딧불이 | | 검다 | | 부르다, 번호 | | 그림 | |
| | 擴(확) | 拡 | 歡(환) | 歓 | 勳(훈) | 勲 | 會(회) | 会 | 懷(회) | 懐 |
| | 넓히다 | | 기뻐하다 | | 공적 | | 모이다 | | 품다, 회상하다 | |
| | 繪(회) | 絵 | 戲(희) | 戯 | | | | | | |
| | 그림, 그리다 | | 놀다, 놀이 | | | | | | | |

# 표기에 주의할 한자어

| 한글 표기 | 맞는 표기 | 틀린 표기 | 설명 |
|---|---|---|---|
| 가정부 | 家政婦 | 家庭婦 | 家庭: 사회집단, 家政: 집안 살림을 다스림 |
| 각기 | 各其 | 各己 | 각기 저마다 개별적인 개념 |
| 강의 | 講義 | 講議 | 뜻을 풀어서 가르친다는 의미 |
| 경품 | 景品 | 競品 | 상품 이외에 곁들여 주는 물건 |
| 골자 | 骨子 | 骨字 | 일이나 말의 요긴한 줄거리 |
| 교사 | 校舍 | 教舍 | 학교의 건물 / [동음어] 教師, 教唆 |
| 기적 | 奇蹟 | 奇跡 | 사람이 불가능 한 신기한 일/ 跡은 발자취 |
| 납부금 | 納付金 | 納附金 | 세금 등을 관청에 내는 일 / 付는 주다 |
| 녹음기 | 錄音器 | 錄音機 | 예외적 적용 / 器는 무동력, 機는 동력 |
| 농기계 | 農機械 | 農器械 | 농사에 쓰여지는 동력 기계 |
| 농기구 | 農器具 | 農機具 | 농업에 사용되는 모든 기계나 도구의 총칭 |
| 대기발령 | 待機發令 | 待期發令 | 待機는 공무원의 대명(待命) 처분 |
| 망중한 | 忙中閑 | 忘中閑 | 바쁜 가운데 한가함 / 忘은 잊다 |
| 매매 | 賣買 | 買賣 | 관용적 순서/晝夜(주야), 風雨(풍우) 등 |
| 목사 | 牧師 | 牧士 | 인도하는 교역자의 의미 |
| 반경 | 半徑 | 半經 | 반지름. 徑은 지름길, 經은 날줄, 다스리다 |
| 변명 | 辨明 | 辯明 | 사리를 분별하여 똑바로 밝힘. 辯:말잘하다 |
| 변증법 | 辨證法 | 辯證法 | 개념을 분석하여 사리를 연구하는 법 |
| 보도 | 報道 | 報導 | 발생한 일을 알려서 말함. 導는 인도하다 |
| 부녀자 | 婦女子 | 婦女者 | 婦人과 女子 |
| 부록 | 附錄 | 付錄 | 덧붙이는 기록이나 책자 |
| 사법부 | 司法府 | 司法部 | 국가의 三權分立상의 하나 |
| 상여금 | 賞與金 | 償與金 | 노력에 대해 상금으로 주는 돈. 償은 보상 |

| 한글 표기 | 맞는 표기 | 틀린 표기 | 설명 |
|---|---|---|---|
| 서재 | 書齋 | 書齊 | 책을 보관하고 글 읽는 방. 齊는 가지런하다 |
| 서전 | 緖戰 | 序戰 | 발단이 되는 싸움 |
| 선회 | 旋回 | 旋廻 | 둘레를 빙빙 돎. 항공기의 방향을 바꿈 |
| 숙직 | 宿直 | 宿職 | 잠을 자면서 맡아 지키는 일. 直: 번을 돌다 |
| 십계명 | 十誡命 | 十戒命 | 기독교의 계율은 '誡'를 사용 |
| 세속오계 | 世俗五戒 | 世俗五誡 | 불교의 계율은 '戒'를 사용 |
| 어시장 | 魚市場 | 漁市場 | 어물을 파는 시장. 漁는 고기잡다 |
| 여부 | 與否 | 如否 | 그러하냐? 그렇지 않냐? |
| 역전승 | 逆轉勝 | 逆戰勝 | 형세가 뒤바뀌어 이김 |
| 왜소 | 矮小 | 倭小 | 키가 낮고 작음. / 倭는 왜국(일본) |
| 이사 | 移徙 | 移徒 | 집을 옮김. 徙(사)와 徒(도: 무리) 자형 유의 |
| 일률적 | 一律的 | 一率的 | 한결같이 / 率는 거느리다(솔), 비율(률) |
| 일확천금 | 一攫千金 | 一穫千金 | 한 움큼에 천금을 얻음. 穫은 거두다 |
| 입찰 | 入札 | 立札 | 예정 가격을 써내어 경쟁하는 방법 |
| 재판 | 裁判 | 栽判 | 裁는 마름질하다. 栽는 심다 |
| 절기 | 節氣 | 節期 | 기후(氣候)를 나눈 개념[節侯(절후)] |
| 정찰제 | 正札制 | 定札制 | 정당한 물건값을 적은 나무나 종이 |
| 중개인 | 仲介人 | 中介人 | 두 당사자 사이에서 일을 주선함 |
| 추세 | 趨勢 | 推勢 | 나아가는 형편. 趨는 달리다. 推는 옮기다 |
| 침투 | 浸透 | 侵透 | 젖어 들어감. 스며들어감. 侵은 침략하다 |
| 퇴폐 | 頹廢 | 退廢 | 무너져 쇠하여 결딴남. 退는 물러나다 |
| 할부 | 割賦 | 割附 | 분할하여 배당함. 賦는 붙다 |
| 호칭 | 呼稱 | 號稱 | 불러서 일컬음. 號는 부르짖다 |
| 활발 | 活潑 | 活發 | 기운차게 움직이는 모양. 發은 나가다 |

# 同字異音 한자 1

| 한자 | 발음 | 뜻 | 예 | 한자 | 발음 | 뜻 | 예 |
|------|------|----|----|------|------|----|----|
| 車 | 거 | 수레 | 車馬費(거마비) | 乾 | 건 | 하늘, 마르다 | 乾坤(건곤) |
| | 차 | 수레, 성 | 車庫(차고) | | 간 | 마르다 | 乾木水生(간목수생) |
| 見 | 견 | 보다 | 見聞(견문) | 更 | 경 | 고치다, 시각 | 更張(경장) |
| | 현 | 나타나다, 뵈다 | 謁見(알현) | | 갱 | 다시 | 更新(갱신) |
| 龜 | 구 | 거북, 땅이름 | 龜尾(구미) | 金 | 금 | 쇠, 금 | 金庫(금고) |
| | 귀 | 거북, 본받다 | 龜鑑(귀감) | | 김 | 성, 땅이름 | 金浦(김포) |
| | 균 | 터지다 | 龜裂(균열) | 丹 | 단 | 붉다 | 一片丹心(일편단심) |
| 茶 | 다 | 차 | 茶菓(다과) | | 란 | 꽃이름 | 牡丹(모란) |
| | 차 | 차 | 茶禮(차례) | 度 | 도 | 법도 | 程度(정도) |
| 宅 | 댁 | 집 | 宅內(댁내) | | 탁 | 헤아리다 | 忖度(촌탁) |
| | 택 | 집 | 住宅(주택) | 洞 | 동 | 동네, 구멍 | 洞里(동리) |
| 讀 | 독 | 읽다 | 讀書(독서) | | 통 | 꿰뚫다, 밝다 | 洞察(통찰) |
| | 두 | 구절 | 吏讀(이두) | 北 | 북 | 북녘 | 南北(남북) |
| 復 | 복 | 회복하다 | 復歸(복귀) | | 배 | 패하다 | 敗北(패배) |
| | 부 | 다시 | 復活(부활) | 塞 | 새 | 변방 | 塞翁之馬(새옹지마) |
| 殺 | 살 | 죽이다 | 殺害(살해) | | 색 | 막다 | 語塞(어색) |
| | 쇄 | 빠르다, 감하다 | 殺到(쇄도) | 說 | 설 | 말씀 | 學說(학설) |
| 索 | 색 | 찾다 | 索引(색인) | | 열 | 기쁘다 | 說喜(열희) |
| | 삭 | 삭막하다 | 索莫(삭막) | | 세 | 달래다 | 遊說(유세) |
| 省 | 성 | 살피다 | 省墓(성묘) | 率 | 솔 | 거느리다, 앞장서다 | 引率(인솔) |
| | 생 | 덜다 | 省略(생략) | | 율, 률 | 비율 | 效率(효율) |
| 衰 | 쇠 | 쇠하다 | 衰退(쇠퇴) | 帥 | 수 | 장수 | 元帥(원수) |
| | 최 | 상복 | 衰服(최복) | | 솔 | 거느리다 | 帥先(솔선) |
| 數 | 수 | 수, 셈하다 | 數學(수학) | 宿 | 숙 | 자다 | 露宿(노숙) |
| | 삭 | 자주 | 頻數(빈삭) | | 수 | 별 | 星宿(성수) |
| | 촉 | 빽빽하다 | 數罟(촉고) | 食 | 식 | 먹다 | 飲食(음식) |
| 拾 | 습 | 줍다 | 拾得(습득) | | 사 | 밥 | 簞食(단사) |
| | 십 | 열 | 貳拾(이십) | 惡 | 악 | 악하다 | 善惡(선악) |
| 識 | 식 | 알다 | 認識(인식) | | 오 | 미워하다 | 憎惡(증오) |
| | 지 | 기록하다 | 標識(표지) | | | | |

# 同字異音 한자 2

| 한자 | 발음 | 뜻 | 예 | 한자 | 발음 | 뜻 | 예 |
|---|---|---|---|---|---|---|---|
| 於 | 어 | 어조사 | 於焉間(어언간) | 咽 | 인 | 목구멍 | 咽喉(인후) |
|  | 오 | 감탄사 | 於乎(오호) |  | 열 | 목메다 | 嗚咽(오열) |
| 易 | 이 | 쉽다 | 難易度(난이도) | 炙 | 자 | 굽다 | 膾炙(회자) |
|  | 역 | 바꾸다, 역경 | 貿易(무역) |  | 적 | 굽다 | 炙鐵(적철) |
| 刺 | 자 | 찌르다 | 刺客(자객) | 著 | 저 | 짓다 | 著述(저술) |
|  | 척 | 찌르다 | 刺殺(척살) |  | 착 | 붙다 | 附著(부착) |
|  | 라 | 수라 | 水刺(수라) | 則 | 즉 | 곧 | 然則(연즉) |
| 狀 | 장 | 문서 | 賞狀(상장) |  | 칙 | 법칙 | 規則(규칙) |
|  | 상 | 모양 | 狀況(상황) | 徵 | 징 | 부르다 | 徵兵(징병) |
| 切 | 절 | 끊다, 간절하다 | 親切(친절) |  | 치 | 음률 | 徵音(치음) |
|  | 체 | 모두 | 一切(일체) | 拓 | 척 | 열다 | 開拓(개척) |
| 辰 | 진 | 별, 용 | 甲辰(갑진) |  | 탁 | 박다 | 拓本(탁본) |
|  | 신 | 나다 | 生辰(생신) | 沈 | 침 | 잠기다 | 沈沒(침몰) |
| 參 | 참 | 참여하다 | 參與(참여) |  | 심 | 성 | 沈氏(심씨) |
|  | 삼 | 석 | 壹貳三(일이삼) | 暴 | 포 | 사납다 | 自暴自棄(자포자기) |
| 推 | 추 | 밀다 | 推戴(추대) |  | 폭 | 드러내다 | 暴露(폭로) |
|  | 퇴 | 밀다 | 推敲(퇴고) | 降 | 강 | 내리다 | 昇降(승강) |
| 便 | 편 | 편리하다 | 便利(편리) |  | 항 | 항복하다 | 降伏(항복) |
|  | 변 | 곧, 똥오줌 | 小便(소변) | 畫 | 화 | 그림 | 畫家(화가) |
| 皮 | 피 | 가죽 | 皮革(피혁) |  | 획 | 긋다 | 企畫(기획) |
|  | 비 | 가죽 | 鹿皮(녹비) |  |  |  |  |
| 行 | 행 | 다니다 | 行人(행인) |  |  |  |  |
|  | 항 | 항렬 | 行列(항렬) |  |  |  |  |
| 滑 | 활 | 미끄러지다 | 滑走路(활주로) |  |  |  |  |
|  | 골 | 익살스럽다 | 滑稽(골계) |  |  |  |  |
| 樂 | 악 | 음악 | 音樂(음악) |  |  |  |  |
|  | 락 | 즐겁다 | 娛樂(오락) |  |  |  |  |
|  | 요 | 좋아하다 | 樂山樂水(요산요수) |  |  |  |  |
| 葉 | 엽 | 잎사귀 | 葉書(엽서) |  |  |  |  |
|  | 섭 | 성 | 葉氏(섭씨) |  |  |  |  |

# 혼동하기 쉬운 한자 1 〈가〉발음 80개 한자

| 한자 | 발음 | 뜻 | 예 | 한자 | 발음 | 뜻 | 예 |
|---|---|---|---|---|---|---|---|
| 可 | 가 | 옳다, 가하다 | 可能(가능) | 刻 | 각 | 새기다 | 彫刻(조각) |
| 司 | 사 | 맡다 | 司法(사법) | 劾 | 핵 | 캐묻다 | 彈劾(탄핵) |
| 看 | 간 | 보다 | 看護(간호) | 干 | 간 | 방패, 간섭하다 | 干涉(간섭) |
| 着 | 착 | 붙다, 짓다 | 着工(착공) | 于 | 우 | 어조사 | 于今(우금) |
| 甲 | 갑 | 천간, 갑옷 | 甲骨(갑골) | 綱 | 강 | 벼리 | 紀綱(기강) |
| 申 | 신 | 펴다 | 申請(신청) | 網 | 망 | 그물 | 漁網(어망) |
| 客 | 객 | 손님 | 旅客(여객) | 巨 | 거 | 크다 | 巨物(거물) |
| 容 | 용 | 얼굴, 용모 | 容貌(용모) | 臣 | 신 | 신하 | 忠臣(충신) |
| 檢 | 검 | 검사하다 | 檢査(검사) | 階 | 계 | 섬돌 | 階段(계단) |
| 儉 | 검 | 검소하다 | 儉素(검소) | 諧 | 해 | 다, 고르다 | 諧謔(해학) |
| 劍 | 검 | 칼 | 劍術(검술) | 偕 | 해 | 함께 | 偕老(해로) |
| 驗 | 험 | 경험하다 | 經驗(경험) | 楷 | 해 | 해서, 본받다 | 楷書(해서) |
| 險 | 험 | 험하다 | 險惡(험악) | 頃 | 경 | 이랑, 잠깐 | 頃刻(경각) |
| 決 | 결 | 결정하다 | 決意(결의) | 項 | 항 | 목, 항목 | 項目(항목) |
| 訣 | 결 | 이별하다 | 訣別(결별) | 傾 | 경 | 기울다 | 傾國(경국) |
| 快 | 쾌 | 유쾌하다 | 快活(쾌활) | 苦 | 고 | 쓰다, 고통 | 苦痛(고통) |
| 枯 | 고 | 마르다 | 枯木(고목) | 若 | 약 | 만약, 같다 | 若干(약간) |
| 姑 | 고 | 시어머니, 우선 | 姑息(고식) | 瓜 | 과 | 오이, 나이 | 瓜年(과년) |
| 孤 | 고 | 외롭다, 고아 | 孤獨(고독) | 爪 | 조 | 손톱 | 爪痕(조흔) |
| 狐 | 호 | 여우 | 狐狸(호리) | 戈 | 과 | 창, 전쟁 | 干戈(간과) |
| 功 | 공 | 공적 | 功過(공과) | 戎 | 융 | 오랑캐, 무기 | 西戎(서융) |
| 攻 | 공 | 치다 | 攻擊(공격) | 戒 | 계 | 경계하다 | 戒律(계율) |
| 切 | 절 | 자르다 | 切開(절개) | 郊 | 교 | 성밖, 들 | 郊外(교외) |
|  |  |  |  | 效 | 효 | 본받다 | 效能(효능) |

| 한자 | 발음 | 뜻 | 예 | 한자 | 발음 | 뜻 | 예 |
|---|---|---|---|---|---|---|---|
| 官 | 관 | 관리 | 官職(관직) | 具 | 구 | 갖추다 | 具備(구비) |
| 宮 | 궁 | 궁궐 | 宮闕(궁궐) | 貝 | 패 | 조개 | 貝塚(패총) |
| 壞 | 괴 | 무너지다 | 崩壞(붕괴) | 勸 | 권 | 권하다 | 勸學(권학) |
| 壤 | 양 | 고운 흙 | 土壤(토양) | 歡 | 환 | 기뻐하다 | 歡迎(환영) |
| 懷 | 회 | 품다, 회상 | 懷疑(회의) | 斤 | 근 | 도끼, 근 | 斤量(근량) |
| 九 | 구 | 아홉 | 九死(구사) | 斥 | 척 | 물리치다 | 排斥(배척) |
| 丸 | 환 | 구슬, 알 | 丸藥(환약) | 起 | 기 | 일어나다 | 起床(기상) |
| 郡 | 군 | 마을, 고을 | 郡縣(군현) | 赴 | 부 | 나아가다 | 赴任(부임) |
| 群 | 군 | 무리 | 群衆(군중) | 記 | 기 | 기록하다 | 記錄(기록) |
| 券 | 권 | 문서 | 債券(채권) | 紀 | 기 | 벼리, 해 | 紀綱(기강) |
| 卷 | 권 | 책 | 卷數(권수) | | | | |
| 兢 | 긍 | 삼가다 | 兢兢(긍긍) | | | | |
| 競 | 경 | 다투다 | 競爭(경쟁) | | | | |
| 器 | 기 | 그릇 | 樂器(악기) | | | | |
| 哭 | 곡 | 울다 | 痛哭(통곡)) | | | | |
| 己 | 기 | 몸, 자기 | 克己(극기) | | | | |
| 已 | 이 | 이미, 그치다 | 已往(이왕) | | | | |
| 巳 | 사 | 뱀 | 巳時(사시) | | | | |
| 句 | 구 | 구절 | 句節(구절) | | | | |
| 旬 | 순 | 열흘 | 上旬(상순) | | | | |
| 筍 | 순 | 죽순 | 竹筍(죽순) | | | | |
| 拘 | 구 | 잡다, 가두다 | 拘束(구속) | | | | |
| 狗 | 구 | 개 | 白狗(백구) | | | | |

# 혼동하기 쉬운 한자 2 〈나/다/라〉발음 74개 한자

| 한자 | 발음 | 뜻 | 예 | 한자 | 발음 | 뜻 | 예 |
|---|---|---|---|---|---|---|---|
| 怒 | 노 | 성내다 | 憤怒(분노) | 納 | 납 | 받아들이다 | 納得(납득) |
| 恕 | 서 | 용서하다 | 容恕(용서) | 訥 | 눌 | 말 더듬다 | 訥辯(눌변) |
| 娘 | 낭 | 아가씨 | 娘子(낭자) | 能 | 능 | 능하다 | 能率(능률) |
| 浪 | 랑 | 물결, 함부로 | 浪費(낭비) | 罷 | 파 | 파하다 | 罷業(파업) |
| 郎 | 랑 | 사내 | 新郎(신랑) | 熊 | 웅 | 곰 | 熊膽(웅담) |
| 朗 | 랑 | 밝다 | 朗讀(낭독) | 態 | 태 | 모양, 태도 | 態度(태도) |
| 旦 | 단 | 아침 | 元旦(원단) | 端 | 단 | 바르다,실마리 | 端緒(단서) |
| 且 | 차 | 또, 장차 | 將且(장차) | 瑞 | 서 | 상서롭다 | 祥瑞(상서) |
| 擔 | 담 | 메다, 맡다 | 擔任(담임) | 當 | 당 | 마땅하다 | 當爲(당위) |
| 膽 | 담 | 쓸개 | 膽力(담력) | 堂 | 당 | 집, 당당하다 | 殿堂(전당) |
| 代 | 대 | 대신하다, 시대 | 現代(현대) | 待 | 대 | 기다리다, 대접 | 待期(대기) |
| 伐 | 벌 | 정벌하다 | 征伐(정벌) | 侍 | 시 | 모시다 | 內侍(내시) |
| 大 | 대 | 크다 | 大國(대국) | 徒 | 도 | 무리, 헛되다 | 信徒(신도) |
| 太 | 태 | 크다, 콩 | 太平(태평) | 從 | 종 | 좇다, 따르다 | 服從(복종) |
| 犬 | 견 | 개 | 犬馬(견마) | 徙 | 사 | 옮기다 | 移徙(이사) |
| 丈 | 장 | 어른 | 大丈夫(대장부) | 後 | 후 | 뒤 | 前後(전후) |
| 桃 | 도 | 복숭아나무 | 桃花(도화) | 刀 | 도 | 칼 | 短刀(단도) |
| 挑 | 도 | 돋우다 | 挑發(도발) | 刃 | 인 | 칼날 | 兵刃(병인) |
| 讀 | 독 | 읽다 | 讀書(독서) | 騰 | 등 | 오르다 | 騰落(등락) |
| 瀆 | 독 | 더럽히다,도랑 | 瀆職(독직) | 謄 | 등 | 베끼다 | 謄本(등본) |
| 絡 | 락 | 잇다 | 連絡(연락) | 戀 | 련 | 사모하다 | 戀愛(연애) |
| 給 | 급 | 공급하다 | 給付(급부) | 蠻 | 만 | 오랑캐 | 蠻勇(만용) |
| 斂 | 렴 | 거두다 | 收斂(수렴) | 盧 | 로 | 밥그릇, 검다 | 盧弓(노궁) |
| 劍 | 검 | 칼 [= 劒] | 劍術(검술) | 慮 | 려 | 생각하다 | 思慮(사려) |

| 한자 | 발음 | 뜻 | 예 | 한자 | 발음 | 뜻 | 예 |
|---|---|---|---|---|---|---|---|
| 老 | 로 | 늙다,익숙하다 | 老練(노련) | 綠 | 록 | 푸르다 | 綠陰(녹음) |
| 考 | 고 | 상고하다 | 考證(고증) | 緣 | 연 | 인연 | 因緣(인연) |
| 孝 | 효 | 효도 | 忠孝(충효) | 錄 | 록 | 기록하다 | 實錄(실록) |
| 瓏 | 롱 | 옥소리 | 玲瓏(영롱) | 僚 | 료 | 동료, 관리 | 官僚(관료) |
| 朧 | 롱 | 흐릿하다 | 朦朧(몽롱) | 瞭 | 료 | 밝다 | 明瞭(명료) |
| 壘 | 루 | 진, 보루 | 堡壘(보루) | 樓 | 루 | 다락, 누각 | 樓閣(누각) |
| 疊 | 첩 | 겹치다 | 疊語(첩어) | 褸 | 루 | 누더기, 남루 | 襤褸(남루) |
| 陸 | 륙 | 뭍 | 陸地(육지) | 栗 | 률 | 밤, 밤나무 | 棗栗(조율) |
| 睦 | 목 | 화목하다 | 親睦(친목) | 粟 | 속 | 조, 곡식 | 米粟(미속) |
| 欄 | 란 | 난간, 테두리 | 空欄(공란) | 料 | 료 | 재료,헤아리다 | 料理(요리) |
| 爛 | 란 | 빛나다 | 能爛(능란) | 科 | 과 | 조목, 과정 | 科目(과목) |
| 歷 | 력 | 지나다 | 歷史(역사) | 輪 | 륜 | 바퀴 | 輪禍(윤화) |
| 曆 | 력 | 책력 | 日曆(일력) | 輸 | 수 | 보내다 | 輸送(수송) |

# 혼동하기 쉬운 한자 3 〈마〉발음 68개 한자

| 한자 | 발음 | 뜻 | 예 | 한자 | 발음 | 뜻 | 예 |
|---|---|---|---|---|---|---|---|
| 魔 | 마 | 마귀, 마술 | 魔術(마술) | 漫 | 만 | 흩어지다 | 散漫(산만) |
| 麾 | 휘 | 대장기, 지휘 | 指麾(지휘) | 慢 | 만 | 게으르다, 방종 | 傲慢(오만) |
| 末 | 말 | 끝, 말단 | 本末(본말) | 埋 | 매 | 묻다 | 埋葬(매장) |
| 未 | 미 | 아니다 | 未來(미래) | 理 | 리 | 이치, 다스리다 | 理論(이론) |
| 罵 | 매 | 꾸짖다 | 罵倒(매도) | 買 | 매 | 사다 | 購買(구매) |
| 篤 | 독 | 도탑다 | 敦篤(돈독) | 賣 | 매 | 팔다 | 競賣(경매) |
| 脈 | 맥 | 맥, 줄기 | 脈絡(맥락) | 眠 | 면 | 잠자다 | 睡眠(수면) |
| 派 | 파 | 갈래, 보내다 | 派閥(파벌) | 眼 | 안 | 눈 | 眼鏡(안경) |
| 免 | 면 | 면하다 | 免疫(면역) | 皿 | 명 | 그릇 | 器皿(기명) |
| 兔 | 토 | 토끼 | 兔脣(토순) | 血 | 혈 | 피 | 獻血(헌혈) |
| 令 | 령 | 명령하다 | 命令(명령) | 牧 | 목 | 기르다 | 牧童(목동) |
| 今 | 금 | 이제 | 今方(금방) | 收 | 수 | 거두다 | 收穫(수확) |
| 明 | 명 | 밝다 | 明瞭(명료) | 名 | 명 | 이름 | 姓名(성명) |
| 朋 | 붕 | 벗, 떼 | 朋友(붕우) | 各 | 각 | 각각 | 各色(각색) |
| 鳴 | 명 | 울다 | 共鳴(공명) | 侮 | 모 | 업신여기다 | 侮辱(모욕) |
| 嗚 | 오 | 탄식하다 | 嗚呼(오호) | 悔 | 회 | 뉘우치다 | 後悔(후회) |
| 母 | 모 | 어미 | 母親(모친) | 矛 | 모 | 창 | 矛盾(모순) |
| 毋 | 무 | 말다 | 毋論(무론) | 予 | 여 | 나 | 予與女 |
| 冒 | 모 | 무릅쓰다 | 冒險(모험) | 苗 | 묘 | 싹 | 苗木(묘목) |
| 胃 | 위 | 밥통 | 胃腸(위장) | 笛 | 적 | 피리 | 警笛(경적) |
| 卯 | 묘 | 토끼, 네째지지 | 乙卯(을묘) | 杳 | 묘 | 어둡다 | 杳然(묘연) |
| 卵 | 란 | 알 | 鷄卵(계란) | 杏 | 행 | 은행, 살구 | 銀杏(은행) |

| 한자 | 발음 | 뜻 | 예 | 한자 | 발음 | 뜻 | 예 |
|---|---|---|---|---|---|---|---|
| 墓 | 묘 | 무덤, 묘지 | 墓碑(묘비) | 戊 | 무 | 다섯째 천간 | 戊寅(무인) |
| 幕 | 막 | 장막, 군막 | 帳幕(장막) | 戌 | 술 | 아홉째 지지 | 甲戌(갑술) |
| 暮 | 모 | 저물다 | 歲暮(세모) | 戍 | 수 | 지키다 | 衛戍(위수) |
| 慕 | 모 | 사모하다 | 戀慕(연모) | 成 | 성 | 이루다 | 完成(완성) |
| 募 | 모 | 모으다 | 募集(모집) | 咸 | 함 | 다 | 咸集(함집) |
| 武 | 무 | 호반, 굳세다 | 文武(문무) | 墨 | 묵 | 먹 | 墨畫(묵화) |
| 式 | 식 | 법, 의식 | 格式(격식) | 黑 | 흑 | 검다 | 漆黑(칠흑) |
| 問 | 문 | 묻다 | 問答(문답) | 微 | 미 | 작다, 천하다 | 微細(미세) |
| 間 | 간 | 사이 | 近間(근간) | 徵 | 징 | 부르다, 조짐 | 徵兵(징병) |
| 聞 | 문 | 듣다 | 新聞(신문) | 懲 | 징 | 징계하다 | 懲惡(징악) |
| 味 | 미 | 맛, 뜻 | 意味(의미) | 蜜 | 밀 | 꿀 | 蜜月(밀월) |
| 昧 | 매 | 어둡다, 새벽 | 蒙昧(몽매) | 密 | 밀 | 빽빽하다 | 密林(밀림) |

# 혼동하기 쉬운 한자 4 〈바〉발음 56개 한자

| 한자 | 발음 | 뜻 | 예 | 한자 | 발음 | 뜻 | 예 |
|---|---|---|---|---|---|---|---|
| 薄 | 박 | 엷다 | 薄氷(박빙) | 拍 | 박 | 손벽치다 | 拍手(박수) |
| 簿 | 부 | 장부 | 帳簿(장부) | 柏 | 백 | 측백나무 | 冬柏(동백) |
| 迫 | 박 | 핍박하다 | 迫害(박해) | 反 | 반 | 돌이키다 | 反對(반대) |
| 追 | 추 | 쫓다 | 追擊(추격) | 友 | 우 | 벗, 사귀다 | 朋友(붕우) |
| 飯 | 반 | 밥 | 飯床(반상) | 倣 | 방 | 본뜨다 | 模倣(모방) |
| 飮 | 음 | 마시다 | 飮料(음료) | 做 | 주 | 짓다 | 看做(간주) |
| 白 | 백 | 희다 | 白髮(백발) | 番 | 번 | 차례 | 番號(번호) |
| 自 | 자 | 스스로 | 自然(자연) | 審 | 심 | 살피다 | 審査(심사) |
| 罰 | 벌 | 벌, 벌주다 | 罰則(벌칙) | 壁 | 벽 | 벽 | 土壁(토벽) |
| 罪 | 죄 | 죄 | 罪囚(죄수) | 璧 | 벽 | 둥근 옥 | 完璧(완벽) |
| 辨 | 변 | 분별하다 | 辨別(변별) | 變 | 변 | 변하다 | 變化(변화) |
| 辦 | 판 | 힘쓰다 | 辦公(판공) | 燮 | 섭 | 불꽃, 화하다 | 燮理(섭리) |
| 普 | 보 | 넓다 | 普遍(보편) | 復 | 복 | 회복하다 | 回復(회복) |
| 晋 | 진 | 나아가다,나라 | 晋州(진주) | 複 | 복 | 겹 옷 | 複雜(복잡) |
| 僕 | 복 | 종 | 公僕(공복) | 夫 | 부 | 지아비 | 夫婦(부부) |
| 撲 | 박 | 두드리다 | 撲滅(박멸) | 天 | 천 | 하늘 | 天地(천지) |
| 背 | 배 | 등, 배반하다 | 違背(위배) | 婦 | 부 | 며느리,아내 | 姑婦(고부) |
| 肯 | 긍 | 즐기다 | 肯定(긍정) | 掃 | 소 | 쓸다 | 淸掃(청소) |
| 傅 | 부 | 스승 | 師傅(사부) | 北 | 북 | 북녘 | 南北(남북) |
| 傳 | 전 | 전하다 | 傳統(전통) | 比 | 비 | 견주다 | 比較(비교) |
| 分 | 분 | 나누다 | 分斷(분단) | 奮 | 분 | 떨치다 | 興奮(흥분) |
| 兮 | 혜 | 어조사 | 力拔山兮 | 奪 | 탈 | 빼앗다 | 掠奪(약탈) |
| 紛 | 분 | 어지럽다 | 紛爭(분쟁) | 墳 | 분 | 봉분 | 墳墓(분묘) |
| 粉 | 분 | 가루 | 粉末(분말) | 憤 | 분 | 분하다 | 憤怒(분노) |

| 한자 | 발음 | 뜻 | 예 | 한자 | 발음 | 뜻 | 예 |
|---|---|---|---|---|---|---|---|
| 佛 | 불 | 부처 | 佛敎(불교) | 碑 | 비 | 비석 | 碑文(비문) |
| 拂 | 불 | 떨치다 | 支拂(지불) | 婢 | 비 | 계집종 | 奴婢(노비) |
| 貧 | 빈 | 가난하다 | 貧富(빈부) | 氷 | 빙 | 얼음 | 解氷(해빙) |
| 貪 | 탐 | 탐내다 | 貪慾(탐욕) | 永 | 영 | 길다, 영원 | 永遠(영원) |

# 혼동하기 쉬운 한자 5 〈사〉발음 64개 한자

| 한자 | 발음 | 뜻 | 예 | 한자 | 발음 | 뜻 | 예 |
|---|---|---|---|---|---|---|---|
| 思 | 사 | 생각 | 思慮(사려) | 師 | 사 | 스승 | 師傅(사부) |
| 恩 | 은 | 은혜 | 恩惠(은혜) | 帥 | 수 | 장수 | 將帥(장수) |
| 仕 | 사 | 벼슬하다 | 奉仕(봉사) | 査 | 사 | 조사하다 | 考査(고사) |
| 任 | 임 | 맡기다 | 任務(임무) | 香 | 향 | 향기 | 香氣(향기) |
| 史 | 사 | 사관, 역사 | 史觀(사관) | 象 | 상 | 코끼리 | 象形(상형) |
| 吏 | 리 | 아전, 관리 | 淸白吏(청백리) | 衆 | 중 | 무리 | 民衆(민중) |
| 瑞 | 서 | 상서롭다 | 祥瑞(상서) | 書 | 서 | 책, 쓰다 | 書籍(서적) |
| 端 | 단 | 단정하다, 끝 | 末端(말단) | 晝 | 주 | 낮 | 晝夜(주야) |
| 署 | 서 | 관청 | 署長(서장) | 析 | 석 | 쪼개다 | 解析(해석) |
| 暑 | 서 | 덥다 | 避暑(피서) | 折 | 절 | 꺾다 | 折花(절화) |
| 船 | 선 | 배 | 木船(목선) | 旋 | 선 | 돌다 | 旋律(선율) |
| 般 | 반 | 돌리다, 일반 | 一般(일반) | 施 | 시 | 베풀다 | 施設(시설) |
| 惜 | 석 | 아끼다 | 惜別(석별) | 宣 | 선 | 베풀다 | 宣布(선포) |
| 借 | 차 | 빌리다 | 借用(차용) | 宜 | 의 | 마땅하다 | 宜當(의당) |
| 雪 | 설 | 눈 | 雪景(설경) | 涉 | 섭 | 건너다 | 交涉(교섭) |
| 雲 | 운 | 구름 | 雲集(운집) | 陟 | 척 | 오르다, 나아가다 | 進陟(진척) |
| 稅 | 세 | 구실, 세금 | 租稅(조세) | 俗 | 속 | 속되다 | 世俗(세속) |
| 祝 | 축 | 빌다, 축하 | 祝賀(축하) | 裕 | 유 | 넉넉하다 | 裕福(유복) |
| 粟 | 속 | 조, 곡식 | 滄海一粟 | 損 | 손 | 덜다 | 損益(손익) |
| 栗 | 률 | 밤 | 生栗(생률) | 捐 | 연 | 버리다 | 捐金(연금) |
| 衰 | 쇠 | 쇠하다 | 盛衰(성쇠) | 手 | 수 | 손 | 手足(수족) |
| 哀 | 애 | 슬프다 | 哀乞(애걸) | 毛 | 모 | 털 | 毛髮(모발) |
| 遂 | 수 | 이루다 | 完遂(완수) | 囚 | 수 | 죄수, 가두다 | 罪囚(죄수) |
| 逐 | 축 | 쫓다 | 角逐(각축) | 因 | 인 | 인하다, 인연 | 因緣(인연) |

| 한자 | 발음 | 뜻 | 예 | 한자 | 발음 | 뜻 | 예 |
|---|---|---|---|---|---|---|---|
| 順 | 순 | 순하다 | 順風(순풍) | 純 | 순 | 순수하다 | 純潔(순결) |
| 須 | 수 | 모름지기 | 必須(필수) | 鈍 | 둔 | 둔하다 | 銳鈍(예둔) |
| 矢 | 시 | 화살 | 弓矢(궁시) | 植 | 식 | 심다 | 植木(식목) |
| 失 | 실 | 잃다 | 失言(실언) | 殖 | 식 | 번식하다 | 生殖(생식) |
| 試 | 시 | 시험하다 | 試驗(시험) | 深 | 심 | 깊다 | 深海(심해) |
| 誠 | 성 | 정성, 진실로 | 誠實(성실) | 探 | 탐 | 찾다 | 探究(탐구) |
| 心 | 심 | 마음 | 心性(심성) | 氏 | 씨 | 성씨 | 姓氏(성씨) |
| 必 | 필 | 반드시 | 必要(필요) | 民 | 민 | 백성 | 國民(국민) |

# 혼동하기 쉬운 한자 6 〈아〉발음 60개 한자

| 한자 | 발음 | 뜻 | 예 | 한자 | 발음 | 뜻 | 예 |
|---|---|---|---|---|---|---|---|
| 衙 | 아 | 마을, 관청 | 官衙(관아) | 哀 | 애 | 슬프다 | 喜怒哀樂(희로애락) |
| 衛 | 위 | 지키다, 막다 | 護衛(호위) | 衷 | 충 | 속마음, 정성 | 衷心(충심) |
| 衝 | 충 | 부딪치다 | 衝突(충돌) | 衰 | 쇠 | 쇠하다 | 衰退(쇠퇴) |
| 與 | 여 | 더불다, 주다 | 參與(참여) | 亦 | 역 | 또 | 亦是(역시) |
| 興 | 흥 | 흥하다 | 興起(흥기) | 赤 | 적 | 붉다 | 赤色(적색) |
| 冶 | 야 | 불리다 | 冶金術(야금술) | 午 | 오 | 낮 | 正午(정오) |
| 治 | 치 | 다스리다 | 政治(정치) | 牛 | 우 | 소 | 牛乳(우유) |
| 仰 | 앙 | 우러르다 | 推仰(추앙) | 億 | 억 | 억 | 億臺(억대) |
| 抑 | 억 | 누르다 | 抑制(억제) | 憶 | 억 | 기억하다 | 記憶(기억) |
| 熱 | 열 | 열, 세차다 | 熱帶(열대) | 葉 | 엽 | 잎 | 枝葉(지엽) |
| 熟 | 숙 | 익다 | 早熟(조숙) | 棄 | 기 | 버리다 | 廢棄(폐기) |
| 曰 | 왈 | 말하다 | 曰字(왈자) | 右 | 우 | 오른쪽 | 左右(좌우) |
| 日 | 일 | 해, 날 | 日記(일기) | 石 | 석 | 돌 | 金石(금석) |
| 楊 | 양 | 버드나무 | 垂楊(수양) | 延 | 연 | 끌다, 이끌다 | 延長(연장) |
| 揚 | 양 | 드날리다 | 揭揚(게양) | 廷 | 정 | 조정 | 朝廷(조정) |
| 場 | 장 | 마당, 터 | 市場(시장) | 庭 | 정 | 정원, 뜰 | 庭園(정원) |
| 汚 | 오 | 더럽다 | 汚物(오물) | 玉 | 옥 | 구슬. 옥 | 玉童子(옥동자) |
| 汗 | 한 | 땀 | 汗蒸(한증) | 王 | 왕 | 임금 | 帝王(제왕) |
| 朽 | 후 | 썩다 | 不朽(불후) | 壬 | 임 | 아홉째천간 | 壬午年(임오년) |
| 雨 | 우 | 비 | 降雨(강우) | 圓 | 원 | 둥글다 | 圓滿(원만) |
| 兩 | 량 | 둘, 냥 | 兩班(양반) | 圖 | 도 | 그림 | 圖畫(도화) |
| 酉 | 유 | 열째지지, 닭 | 乙酉年(을유년) | 育 | 육 | 기르다 | 教育(교육) |
| 西 | 서 | 서녘 | 東西(동서) | 盲 | 맹 | 소경 | 文盲(문맹) |

| 한자 | 발음 | 뜻 | 예 | 한자 | 발음 | 뜻 | 예 |
|---|---|---|---|---|---|---|---|
| 搖 | 요 | 흔들다 | 搖籃(요람) | 人 | 인 | 사람 | 人乃天(인내천 |
| 遙 | 요 | 멀다 | 遙遠(요원) | 入 | 입 | 들어가다 | 入場(입장) |
| 謠 | 요 | 노래 | 歌謠(가요) | 八 | 팔 | 여덟 | 八等身(팔등신 |
| 烏 | 오 | 까마귀 | 烏鵲橋(오작교) | 宇 | 우 | 집 | 宇宙(우주) |
| 鳥 | 조 | 새 | 鳥類(조류) | 字 | 자 | 글자 | 文字(문자) |
| 由 | 유 | 말미암다 | 自由(자유) | 惟 | 유 | 오직,생각하다 | 思惟(사유) |
| 田 | 전 | 밭 | 田畓(전답) | 推 | 추 | 밀다 | 推進(추진) |

# 혼동하기 쉬운 한자 7 〈지〉발음 40개 한자

| 한자 | 발음 | 뜻 | 예 | 한자 | 발음 | 뜻 | 예 |
|---|---|---|---|---|---|---|---|
| 自 | 자 | 스스로 | 自然(자연) | 材 | 재 | 재목, 인재 | 材料(재료) |
| 目 | 목 | 눈 | 注目(주목) | 村 | 촌 | 마을, 시골 | 村落(촌락) |
| 枝 | 지 | 가지 | 枝葉(지엽) | 情 | 정 | 정, 뜻 | 感情(감정) |
| 技 | 기 | 재주 | 技術(기술) | 淸 | 청 | 맑다 | 淸淨水(청정수) |
| 早 | 조 | 새벽, 일찍 | 早朝(조조) | 燥 | 조 | 마르다 | 乾燥(건조) |
| 旱 | 한 | 가물다 | 旱害(한해) | 操 | 조 | 잡다, 부리다 | 操縱(조종) |
| 栽 | 재 | 심다, 가꾸다 | 栽培(재배) | 柱 | 주 | 기둥 | 四柱(사주) |
| 裁 | 재 | 마름질하다 | 裁斷(재단) | 桂 | 계 | 계수나무 | 月桂樹(월계수) |
| 族 | 족 | 겨레 | 民族(민족) | 直 | 직 | 곧다, 곧장 | 直線(직선) |
| 旅 | 려 | 나그네 | 旅路(여로) | 眞 | 진 | 참 | 眞善美(진선미) |
| 績 | 적 | 길쌈, 공적 | 業績(업적) | 帝 | 제 | 임금, 황제 | 皇帝(황제) |
| 續 | 속 | 잇다 | 繼續(계속) | 常 | 상 | 항상 | 恒常(항상) |
| 積 | 적 | 쌓다 | 積載(적재) | 提 | 제 | 끌다 | 前提(전제) |
| 蹟 | 적 | 자취 | 古蹟(고적) | 堤 | 제 | 제방 | 堤防(제방) |
| 仲 | 중 | 버금,중개하다 | 伯仲叔季(백중숙계) | 祖 | 조 | 조상 | 先祖(선조) |
| 伸 | 신 | 펴다 | 伸張(신장) | 租 | 조 | 세금 | 租稅(조세) |
| 低 | 저 | 낮다 | 高低(고저) | 存 | 존 | 있다 | 生存(생존) |
| 抵 | 저 | 막다 | 抵抗(저항) | 在 | 재 | 있다 | 在學(재학) |
| 執 | 집 | 잡다 | 執着(집착) | 陳 | 진 | 베풀다 | 陳述(진술) |
| 孰 | 숙 | 누구 | 誰孰(수숙) | 陣 | 진 | 진치다 | 陣營(진영) |

# 혼동하기 쉬운 한자 8 〈차/타/파〉발음 38개 한자

| 한자 | 발음 | 뜻 | 예 | 한자 | 발음 | 뜻 | 예 |
|---|---|---|---|---|---|---|---|
| 清 | 청 | 맑다 | 清潔(청결) | 側 | 측 | 곁, 기울다 | 側面(측면) |
| 請 | 청 | 청하다 | 要請(요청) | 測 | 측 | 헤아리다, 재다 | 測量(측량) |
| 晴 | 청 | 개다 | 快晴(쾌청) | 惻 | 측 | 슬퍼하다 | 惻隱(측은) |
| 墜 | 추 | 떨어지다 | 墜落(추락) | 責 | 책 | 꾸짖다 | 責望(책망) |
| 墮 | 타 | 떨어지다 | 墮落(타락) | 靑 | 청 | 푸르다 | 靑絲(청사) |
| 側 | 측 | 곁, 기울다 | 側面(측면) | 侵 | 침 | 범하다 | 侵攻(침공) |
| 測 | 측 | 헤아리다, 재다 | 測量(측량) | 浸 | 침 | 적시다, 잠기다 | 沈水(침수) |
| 澤 | 택 | 연못, 윤택하다 | 潤澤(윤택) | 波 | 파 | 물결, 파도 | 波及(파급) |
| 擇 | 택 | 가리다 | 選擇(선택) | 派 | 파 | 갈래 | 派生(파생) |
| 閉 | 폐 | 닫다 | 開閉(개폐) | 標 | 표 | 표지 | 標識(표지) |
| 閑 | 한 | 한가하다 | 忙中閑(망중한) | 漂 | 표 | 뜨다, 빨래하다 | 漂白(표백) |
| 板 | 판 | 널빤지 | 松板(송판) | 弊 | 폐 | 폐해 | 弊端(폐단) |
| 版 | 판 | 판자, 책 | 版畫(판화) | 幣 | 폐 | 비단, 돈 | 幣帛(폐백) |
| 浦 | 포 | 물가, 항구 | 浦口(포구) | 抱 | 포 | 안다 | 抱負(포부) |
| 捕 | 포 | 잡다 | 捕獲(포획) | 胞 | 포 | 세포, 동포 | 同胞(동포) |
| 幅 | 폭 | 폭 | 步幅(보폭) | 便 | 편, 변 | 편리하다 | 便利(편리) |
| 福 | 복 | 떨어지다 | 幸福(행복) | 使 | 사 | 시키다, 하여금 | 使役(사역) |
| 閉 | 폐 | 닫다 | 開閉(개폐) | 標 | 표 | 표지 | 標識(표지) |
| 閑 | 한 | 한가하다 | 忙中閑(망중한) | 漂 | 표 | 뜨다, 빨래하다 | 漂白(표백) |

# 혼동하기 쉬운 한자 9 〈히〉발음 21개 한자

| 한자 | 발음 | 뜻 | 예 | 한자 | 발음 | 뜻 | 예 |
|---|---|---|---|---|---|---|---|
| 賀 | 하 | 하례하다 | 祝賀(축하) | 恨 | 한 | 한하다 | 怨恨(원한) |
| 貿 | 무 | 바꾸다, 무역 | 貿易(무역) | 限 | 한 | 한계, 한정 | 限界(한계) |
| 鄕 | 향 | 시골, 마을 | 鄕愁(향수) | 活 | 활 | 살다, 생활하다 | 生活(생활) |
| 卿 | 경 | 벼슬 | 公卿(공경) | 浩 | 호 | 크다, 넓다 | 浩然之氣 (호연지기) |
| 形 | 형 | 모양, 형세 | 形勢(형세) | 亨 | 형 | 형통하다 | 亨通(형통) |
| 刑 | 형 | 형벌 | 刑罰(형벌) | 享 | 향 | 누리다 | 享樂(향락) |
| 豪 | 호 | 호걸,호협하다 | 豪傑(호걸) | 侯 | 후 | 제후 | 諸侯(제후) |
| 毫 | 호 | 가는 털 | 秋毫(추호) | 候 | 후 | 기후, 묻다 | 氣候(기후) |
| 護 | 호 | 보호하다 | 保護(보호) | 會 | 회 | 모이다, 기회 | 機會(기회) |
| 獲 | 획 | 얻다, 잡다 | 捕獲(포획) | 曾 | 증 | 일찍이 | 未曾有(미증유) |
| 穫 | 확 | 거두다, 수확 | 收穫(수확) | | | | |

# 절기이야기

## 24절기

우리나라에서 사용하던 달력의 유래를 살펴보면 삼국시대(三國時代)에 백제(百濟)가 중국에서 들여온 송(宋)나라의 원가력(元嘉曆)을 사용했던 기록이 있다. 그 후 조선조(朝鮮朝)에 들어와 세종대(世宗代)에 일종의 태음력인 칠정산 내편(七政算內篇)과 외편(外篇)의 역법을 만들었는데, 칠정(七政)이란 역목(曆目), 태양(太陽), 태음(太陰), 중성(中星), 교식(交食), 오성(五星), 사여성(四餘星)의 7개 천문을 일컫는 것이다.

실제의 달력을 사용한 것은 조선조 효종(孝宗) 4년(1653년)에 청(淸)나라에서 수입된 서양천문학에 영향 받은 시헌력(時憲曆)을 채용한 때부터이고 현재 공식적으로 사용되는 태양력(太陽曆:양력)은 고종(高宗) 32년(1895년)이 시초다.

음력은 달의 운동에 근거하여 만들어졌기 때문에 달의 변화는 잘 나타내 주지만 태양의 움직임은 잘 나타내 주지 않았는데 계절의 변화는 태양의 운동에 의하여 결정되므로 음력 날짜와 계절의 변화는 잘 일치하지 않았다. 이런 문제점을 보완하기 위하여 음력에서는 계절의 변화, 즉 입춘, 우수, 경칩 같이 태양의 운동을 표시하여 주는 24절기를 도입하여 같이 사용했는데, 이것을 일컬어 태음태양력(太陰太陽曆)이라 한다. 우리가 흔히 음력이라 말하는 것은 원래 '太陰太陽曆'의 준말로서, 여기서 '陰'은 '달'을 뜻하고 '陽'은 태양을 뜻한다. 즉 달(태음)과 해(태양)의 운동을 모두 고려하여 주는 역법이란 뜻이다.

이러한 절기는 대략 15일 간격으로 변하고 그것에 따라 농사의 처음과 끝이 정해지기 때문에, 실제 농경사회의 농민들은 큰 비중을 둘 수밖에 없었다. 절기는 고대 농경 사회부터 시작하여 진·한시대에 일반에게 정착되어 오늘에 이르며 춘분 하지 추분 동지를 4대 절기라고 부르며 24절기는 각 계절마다 4개씩 자리 잡고 있으며 각각의 절기는 앞뒤 절기와 유기적인 연관성을 가지고 1년을 이룬다.

## 봄의 절기

| | | |
|---|---|---|
| 입춘(立春) | 봄이 됨 | ( 2월 4, 5일경 ) |
| 우수(雨水) | 얼음이 녹아 새싹이 돋음 | ( 2월 18, 19일경 ) |
| 경칩(驚蟄) | 모든 생물이 활기를 되찾음 | ( 3월 5, 6일경 ) |
| 춘분(春分) | 낮과 밤의 길이가 같음 | ( 3월 20, 21일경 ) |
| 청명(淸明) | 따뜻한 봄날을 의미함 | ( 4월 4, 5일경 ) |
| 곡우(穀雨) | 봄비가 와서 곡식이 자라게 함 | ( 4월 20, 21일경 ) |

## 여름의 절기

| | | |
|---|---|---|
| 입하(立夏) | 여름철에 들어섬 | ( 5월 5, 6일경 ) |
| 소만(小滿) | 여름기운이 조금씩 감돎 | ( 5월 21, 22일경 ) |
| 망종(芒種) | 곡식이 익어감 | ( 6월 5, 6일경 ) |
| 하지(夏至) | 낮이 가장 긴 날 | ( 6월 21, 22일경 ) |
| 소서(小暑) | 더위가 본격적으로 시작됨 | ( 7월 7, 8일경 ) |
| 대서(大暑) | 제일 더운 여름 | ( 7월 22, 23일경 ) |

## 가을의 절기

| | | |
|---|---|---|
| 입추(立秋) | 가을에 들어섬 | ( 8월 7, 8일경 ) |
| 처서(處暑) | 아침, 저녁으로 쌀쌀해짐 | ( 8월 23, 24일경 ) |
| 백로(白露) | 가을 기운이 완연함 | ( 9월 7, 8일경 ) |
| 추분(秋分) | 낮과 밤의 길이가 같음 | ( 9월 23, 24일경 ) |
| 한로(寒露) | 공기가 차가워짐 | ( 10월 8, 9일경 ) |
| 상강(霜降) | 서리가 내림 | ( 10월 23, 24일경 ) |

## 겨울의 절기

| | | |
|---|---|---|
| 입동(立冬) | 겨울에 들어섬 | ( 11월 7, 8일경 ) |
| 소설(小雪) | 겨울 느낌이 듦 | ( 11월 22, 23일경 ) |
| 대설(大雪) | 본격적인 추위가 옴 | ( 12월 7, 8일경 ) |
| 동지(冬至) | 낮이 가장 짧고 밤이 가장 김 | ( 12월 21, 22일경 ) |
| 소한(小寒) | 강추위가 시작됨 | ( 1월 5, 6일경 ) |
| 대한(大寒) | 제일 추운 겨울 | ( 1월 20, 21일경 ) |

# 간지 이야기

干支(간지)는 우리 선조들의 삶 속에서 다양한 분야에 활용되고 적용되었고 현대인의 생활에서도 무시할 수 없는 부분이다 우리는 간지를 풍수지리, 인간의 길흉화복(吉凶禍福) 등 다양한 형태로 활용을 하고 있고 사주(四柱)와 팔자(八字)를 매우 중 요시 여기고 있다.

사주는 인간의 운명을 지탱하는 네 가지 기둥을 뜻하는데, 태어난 연(年), 월(月), 일(日), 시(時)를 가리킨다. 팔자(八字)는 여덟 글자인데, 연월일시를 간지로 표현한 것이다.

갑을병정무기경신임계(甲乙丙丁戊己庚辛壬癸)를 십간(十干)이라고 하고 자축인묘진사오미신유술해(子丑寅卯辰巳午未申酉 戌亥)를 12지라 한다. 갑(甲)은 십간의 으뜸이고 자(子)는 12지지의 첫 번째이다. 십간은 하늘에 자리한다고 하여 천간이라 하고, 십이 지지는 땅에 자리한다고 하여 지지라고 한다. 이들 10개의 천간과 12개의 지지를 상하로 짝을 맞추어 조성된 것이 갑자(甲子)에서 계해(癸亥)에 이르기까지 60조 간지가 된다.

| 干支 | 1 | 2 | 3 | 4 | 5 | 6 | 7 | 8 | 9 | 10 | 11 | 12 |
|---|---|---|---|---|---|---|---|---|---|---|---|---|
| 天干(10) | 甲<br>(갑) | 乙<br>(을) | 丙<br>(병) | 丁<br>(정) | 戊<br>(무) | 己<br>(기) | 庚<br>(경) | 辛<br>(신) | 壬<br>(임) | 癸<br>(계) | | |
| 地支(12) | 子<br>(자) | 丑<br>(축) | 寅<br>(인) | 卯<br>(묘) | 辰<br>(진) | 巳<br>(사) | 午<br>(오) | 未<br>(미) | 申<br>(신) | 酉<br>(유) | 戌<br>(술) | 亥<br>(해) |
| | 쥐 | 소 | 범 | 토끼 | 용 | 뱀 | 말 | 양 | 원숭이 | 닭 | 개 | 돼지 |

十干의 10개라는 숫자의 의미는 열흘인 1순(旬)의 의미에서 온 것이며, 이는 달의 변화를 기준으로 한 달이 29일내지 30일 이 기에 10일씩으로 나누어 3순(旬)으로 정했던 것이다. 현재까지 상순, 중순, 하순으로 표현되는 것과 같다.

十二支의 12라는 숫자는 1년이 12달인 것에서 온 것이다. 십간(十干)이 날짜를 표시하는 부호로 사용되었다면, 십이지(十二支) 는 12개의 달을 의미하는 부호로 사용되었다고 볼 수 있다. 십이지의 명칭은 처음 십이진(十二辰), 십이지(十二枝) 등으로 쓰 다가 현재의 십이지(十二支)로 변화되었다.
또한 십이지에는 동물을 결합시켜 십이지수(十二支獸)로 표현하는데, 여기에 12개라는 의미에서 시각(時刻)과 방위(方位)까지 결합시켜 우리의 일상에 오랜 세월 동안 사용되고 있다.

십간(十干)의 날짜 부호와 십이지(十二支)의 달 부호의 사용 이후 햇수의 표시 방법을 개발해 낸 것이 바로 십간과 십이지의 배합이다. 곧 우리가 흔히 알고 있는 육십갑자(六十甲子)인 것이다. 또한 날짜 표시에서도 10일까지의 표시가 반복되는 것을 보완해 햇수 표시처럼 십간과 십이지를 배합하게 되었고, 달수의 표시도 이와 같이 해서 해마다 배당되는 갑자(甲子)를 세차(歲次)로, 달의 배당을 월건(月建)으로, 날의 배당을 일진(日辰)으로 명명하게 되었다. 현재도 '일진이 나쁘다' 거나 제사 축문의 '유세차(維歲次)' 라는 표현 등을 그대로 사용하고 있다.

干支(간지) 표기는 天干(천간)이 먼저 표기되고, 地支(지지)가 나중이다. 甲子(갑자), 乙丑(을축) 등이 되는 것이다. 그래서 조합을 하면 60개가 되고, 마지막이 癸亥(계해)가 된다. 이를 '六十甲子(육십갑자)'라고 하는데, 줄여서 '六甲(육갑)'라고도 한다. 자신의 출생 간지가 60년 후에 동일하게 되기 때문에 還甲(환갑-甲子가 돌아옴)이라 하는데 환갑은 만 나이로 60세 생일날이다.

# 나이를 나타내는 한자

| 나이 | 한자 | 의미 |
|---|---|---|
| 막 태어났을 때 | 농경(弄璋) | 예전에는 아들을 낳으면 구슬(璋)장난감을 주었다. 여기서 유래한 말이고 아들을 낳은 경사를 농경지경(弄璋之慶)이라고 한다. |
| | 농와(弄瓦) | 마찬가지로 딸을 낳으면 실패(瓦)장난감을 주었다. 그래서 딸을 낳은 경사를 농와지경(弄瓦之慶)이라고 한다. |
| 2~3세 | 제해(提孩) | 제(提)는 손으로 안는다는 뜻. 해(孩)는 어린아이란 뜻. 아기가 처음 웃을 무렵(2~3세)을 뜻한다. 해아(孩兒)라고 쓰기도 한다. |
| 15세 | 지학(志學) | 공자(孔子)가 15세에 학문(學文)에 뜻을 두었다는 데서 유래. |
| | 육척(六尺) | 주(周)나라의 척도에 1척(尺)은 두 살 조금 지난 아이의 키를 뜻한다. 그래서 6척은 15세를 뜻한다. 삼척동자 (三尺童子)는 10살이 채 못된 아이를 일컫는 말이다. |
| 16세 | 과년(瓜年) | 과(瓜)자를 파자(破字)하면'八八'이 되므로 여자 나이 16세를 나타냄. 특별히 16세를 강조한 것은 옛날에는 이때가 결혼 정년기였기 때문임. |
| 20세 | 약관(弱冠) | 20세 전후한 남자. 옛날에는 원복(元服;어른 되는 성례 때 쓰던 관)식을 행하였는데 [예기(禮記)],'곡례편(曲禮編)'에 "二十日弱하니, 冠이라"하여 '20세는 약(弱)이라 해서 갓을 쓴다'는 뜻인데, 그 의미는 갓을 쓰는 어른이 되었지만 아직은 약하다는 뜻이다. |
| | 방년(芳年) | 20세를 전후한 왕성한 나이의 여자. 꽃다운(芳) 나이(年)를 뜻한다. |
| 30세 | 이립(而立) | 공자(孔子)가 30세에 자립(自立)했다고 말 한데서 유래함. |
| 40세 | 불혹(不惑) | 공자(孔子)가 40세에 모든 것에 미혹(迷惑)되지 않았다는 데서 유래함. |
| | 강사(强仕) | [예기]에 "四十日强 而仕"라는 구절이 있다. "마흔살을 강(强)이라 하는데, 이에 벼슬길에 나아간다"는 뜻인데 이 말은 여기에서 유래되었다. |
| 48세 | 상년(桑年) | 상(桑)의 속자(俗字)는 '十'자 세 개 밑에 나무 목(木)을 쓰는데, 이를 파자 (破字)하면 '十'자 4개와 '八'자가 되기 때문이다. |
| 50세 | 지명(知命) | 공자(孔子)가 50세에 천명(天命;인생의 의미)을 알았다는 뜻. 知天命을 줄인 말. |
| 60세 | 이순(耳順) | 공자(孔子)가 60세가 되어 어떤 내용에 대해서도 순화시켜 받아들였다는 데서 유래. |

| 나이 | 한자 | 의미 |
|---|---|---|
| 61세 | 환갑(還甲) | 회갑(回甲), 환력(還歷)이라고도 한다. 태어난 해의 간지(干支)로 돌아간다는 뜻. |
| | 화갑(華甲) | 화(華)자를 파자(破字)하면 십(十)자 여섯번과 일(一)자가 되어 61세라는 뜻이다. |
| 62세 | 진갑(進甲) | 우리나라에서 환갑 다음해의 생일날. 새로운 갑자(甲子)로 나아간다(進)는 뜻이다. |
| 64세 | 파과(破瓜) | 과(瓜)자를 파자(破字)하면 '八八'이 되는데 여자는 8+8해서 16세를 과년이라 한다. 그런데 남자는 8×8로 64세를 말하고 벼슬에서 물러날 때를 뜻한다. |
| 70세 | 종심(從心) | 공자(孔子)가 70세에 마음먹은 대로 행동해도 법도에 어긋나지 않았다는데서 유래. 從心所欲 不踰矩에서 준말. |
| | 고희(古稀) | 두보(杜甫)의 시 '곡강(曲江)'의 구절 "人生七十古來稀(사람이 태어나 70세가 되기는 예로부터 드물었다)"에서 유래하였다. |
| 71세 | 망팔(望八) | 팔십 살을 바라본다는 뜻. 71세가 되면 이제 80세까지 바라보게 된다는 의미. |
| 77세 | 희수(喜壽) | 희(喜)자를 초서(草書)로 쓸 때 "七十七"처럼 쓰는 데서 유래함. |
| 80세 | 산수(傘壽) | 산(傘)자의 약자(略字)가 팔(八)을 위에 쓰고 십(十)을 밑에 쓰는 것에서 유래함. |
| 81세 | 반수(半壽) | 반(半)자를 파자(破字)하면 "八十一"이 되는 데서 유래함. |
| | 망구(望九) | 구십 살을 바라본다는 의미. 81세에서 90세까지 장수(長壽)를 기원하는 말. '할망구'의 어원이 망구임. |
| 88세 | 미수(米壽) | 미(米)자를 파자(破字)하면 "八十八"이다. 혹은 농부가 모를 심어 추수를 할 때까지 88번의 손질이 필요하다는 데서 여든여덟 살을 표현한다. |
| 90세 | 졸수(卒壽) | 졸(卒)의 속자(俗字)가 아홉 구(九)자 밑에 열 십(十)자로 사용하는데서 유래함. |
| | 동리(凍梨) | 언(凍)배(梨)의 뜻. 90세가 되면 얼굴에 반점이 생겨 언 배 껍질같다는 말. |
| 91세 | 망백(望百) | 71세 때 80을 바라보았다면 91세면 백 살을 바라본다는 뜻. |
| 99세 | 백수(白壽) | 백(百)에서 일(一)을 빼면 백(白)자가 되므로 99세를 나타냄. |

# 숫자로 보는 한자

## 文房四友 (문방사우)
서재에 갖추어야 할 네 벗인 지(紙)·필(筆)·묵(墨)·연(硯), 곧 종이·붓·먹·벼루의 네 가지를 아울러 이르는 말.

## 身言書判 (신언서판)
중국 당나라 때 관리를 등용하는 시험에서 인물평가의 기준으로 삼았던 기준.
즉, 몸(體貌)·말씨(言辯)·글씨(筆跡)·판단(文理)의 네 가지를 이르는 말.

## 四君子 (사군자)
품성이 군자와 같이 고결하다는 뜻으로 '매화·난초·국화·대나무'의 넷을 이르는 말.

## 七去之惡 (칠거지악)
지난날, 유교적 관념에서 이르던 아내를 버릴 수 있는 이유가 되는 일곱 가지 경우.

> 1. 시부모에게 불순한 경우
> 2. 자식을 낳지 못하는 경우
> 3. 음탕한 경우
> 4. 질투하는 경우
> 5. 나쁜 병이 있는 경우
> 6. 말이 많은 경우
> 7. 도둑질한 경우'를 이름.

## 三不幸 (삼불행)
맹자가 말한 불행의 세 가지.

> 1. 蓄財(축재)에 전념하는 것
> 2. 자기 처자만 사랑하는 것
> 3. 부모에게 불효하는 것

## 三不惑 (삼불혹)
빠지지 말아야 할 세 가지. 술·여자·재물.

# 三不孝 (삼불효)

세 가지 불효.

1. 부모를 불의(不義)에 빠지게 하고,
2. 가난 속에 버려두며,
3. 자식이 없어 제사가 끊어지게 하는 일.

# 三不朽 (삼불후)

세가지 썩어 없어지지 않는 것. 세운 德(덕), 이룬 功(공), 敎訓(교훈)이 될 훌륭한 말.

# 三從之道 (삼종지도)

세 가지 따라야 할 도리

1. 여자가 어려서는 아버지를 따르고
2. 시집을 가면 남편을 따르며
3. 남편이 죽으면 자식을 따르라는 말

# 五常 (오상)

사람의 다섯 가지 행실. 즉 인(仁), 의(義), 예(禮), 지(智), 신(信).

# 五友 (오우)

다섯 종류의 절개 있는 식물. 선비가 벗삼을 만한 식물. 梅(매화)·蘭(난)·菊(국화)·竹(대나무)·蓮(연꽃).

# 五淸 (오청)

다섯 가지의 깨끗한 사물. 선비들이 즐겨 그리는 것. 松(소나무)·竹(대나무)·梅(매화)·蘭(난)·石(돌).

# 五行 (오행)

우주 간에 쉬지 않고 운행하는 다섯 가지 원리. 金(쇠)·木(나무)·水(물)·火(불)·土(흙).

# 益者三友 (익자삼우)

이로운 세 가지 친구. 정직한 사람, 진실한 사람, 학식이 많은 사람

## 四端七情 (사단칠정)

사단은 《맹자(孟子)》의 〈공손추(公孫丑)〉 상편에 나오는 말로 불쌍히 여기는 마음 즉, 네 가지 도덕적 감정을 말한다.

惻隱之心 (측은지심) - 남을 불쌍하게 여기는 타고난 착한 마음을 이르는 말
羞惡之心 (수오지심) - 자기의 옳지 못함을 부끄러워하고, 남의 옳지 못함을 미워하는 마음
辭讓之心 (사양지심) - 겸손하여 남에게 사양할 줄 아는 마음.
是非之心 (시비지심) - 옳음과 그름을 가릴 줄 아는 마음.

그리고 칠정은 《예기(禮記)》의 〈예운(禮運)〉에 나오는 말로
기쁨[喜(희)]·노여움[怒(노)]·슬픔[哀(애)]·두려움[懼(구)]·사랑[愛(애)]·미움[惡(오)]·욕망[欲(욕)]의
일곱 가지 인간의 자연적 감정을 가리킨다.

## 四書三經 (사서삼경)

유교(儒敎)의 기본 경전

四書(사서)는 《대학(大學)》《논어(論語)》《맹자(孟子)》《중용(中庸)》을 말하며,
三經(삼경)은 《시경(詩經)》《서경(書經)》《주역(周易)》을 이른다.

## 世俗五戒 (세속오계)

신라 진평왕 때 승려 원광(圓光)이 화랑에게 일러 준 다섯 가지 계율.

원광이 수(隋)나라에서 구법(求法)하고 귀국한 후, 화랑 귀산과 추항이 찾아가 일생을 두고 경계할 금언을 청하자
원광이 이 오계를 주었다고 한다. 이는 뒤에 화랑도의 신조가 되어 화랑도가 크게 발전하고 삼국통일의 기초를
이룩하게 하는 데 크게 기여하였다.

事君以忠 (사군이충) - 임금은 충성으로써 섬겨야 한다는 계율
事親以孝 (사친이효) - 어버이를 효도로써 섬겨야 한다는 계율
交友以信 (교우이신) - 벗은 믿음으로써 사귀어야 한다는 계율
臨戰無退 (임전무퇴) - 전쟁에 임하여 물러나지 아니하여야 한다는 계율
殺生有擇 (살생유택) - 함부로 살생을 하지 말아야 한다는 계율

# 十長生 (십장생)

장생 불사를 표상한 10가지 물상(物象)

해·산·물·돌·소나무·달 또는 구름·불로초·거북·학·사슴을 말하는데, 중국의 신선(神仙) 사상에서 유래한다.

10가지가 모두 장수물(長壽物)로 자연숭배의 대상이었으며, 원시신앙과도 일치하였다.

옛 사람들은 십장생을 시문(詩文)·그림·조각 등에 많이 이용하였는데,

고구려 고분 벽화에 부분적으로 나타나는 것으로 보아 이 사상은 고구려시대부터 있은 듯하다.

고려시대에는 이색(李穡)의 《목은집(牧隱集)》으로 보아 십장생 풍이 유행한 사실을 알 수 있으며,

조선시대에는 설날에 십장생 그림을 궐내에 걸어놓는 풍습이 있었다.

이 후 항간에서도 십장생 그림을 벽과 창문에 그려 붙였고,

병풍·베갯머리, 혼례 때 신부의 수저주머니, 선비의 문방구 등에도 그리거나 수놓았다.

# 三多三無 (삼다삼무) 三寶三麗 (삼보삼려)

제주도에는 돌, 여인, 바람이 많다. (三多)

제주도에는 거지, 대문, 도둑이 없다. (三無)

제주도에는 특이한 언어, 수중자원, 식물 (三寶)과

제주도에는 자연의 열매, 동굴과 기암절벽, 바다의 보물 (三麗)이 있다.